Rigdzin Shikpo

Meditation und Achtsamkeit
Schlüssel zu innerem Vertrauen

aus dem Englischen von
Irmentraud Schlaffer

THESEUS

Die Deutsche Bibliothek – CIP-Einheitsaufnahme
Shikpo, Rigdzin:
Meditation und Achtsamkeit : Schlüssel zu innerem Vertrauen /
Rigdzin Shipko. Aus dem Engl. von Irmentraud Schlaffer. -
Berlin : Theseus, 1999
Einheitssacht.: Openness Clarity Sensitivity <dt.>
ISBN 3-89620-137-9

Titel der englischen Originalausgabe:
Openness Clarity Sensitivity
erschienen 1992 bei Longchen Foundation,
30 Beechey Avenue, Old Marston,
Oxford, Großbritannien

Aus dem Englischen von Irmentraud Schlaffer
Lektorat: Renate Noack

© 1992 by Rigdzin Shikpo
© der deutschen Übersetzung 1999 by Theseus Verlag

Die Verwertung der Texte und Bilder, auch auszugs-
weise, ist ohne Zustimmung des Verlags urheberrechts-
widrig und strafbar. Dies gilt auch für Vervielfältigungen,
Übersetzungen, Mikroverfilmungen und für
die Verarbeitung mit elektronischen Systemen.

Umschlaggestaltung: Morian & Bayer-Eynck, Coesfeld
unter Verwendung eines Fotos © Mauritius - Cosmo
Foto des Autors: © Nick Rimmer
Gestaltung und Satz: Pfaff & Riemer, Berlin
Druck: Wiener Verlag, Himberg
Printed in Austria

ISBN 3-89620-137-9

Gedruckt auf alterungsbeständigem Papier
mit chlorfrei gebleichtem Zellstoff

INHALT

Vorwort 7

Teil I   Die Natur des Geistes erkennen 13
            Vertrauen in die Natur des Geistes 15
            Der Pfad des Nicht-Tuns 30
            Erste Erfahrungen der Natur des Geistes 32
            Die drei Erfahrungen 41
            Die direkte Erkenntnis der Natur des Geist 45

Teil II   Grundlegende Meditationstechnik 49
            Körperhaltung 51
            Der Atem 58
            Sich auf die Praxis verbindlich einlassen 64
            Gedanken und die Einsicht jenseits davon 67
            Das Ausgleichen der fünf Kräfte 83
            Das Ausgleichen von Konzentration und Energie ... 86
            Das Ausgleichen von Weisheit und Vertrauen 98

Teil III   Praxis im Alltag 105
            Offenheit 107
            Klarheit / Bewußtheit 111
            Feinfühligkeit 114
            Nicht-Bewußtheit bemerken 117
            Die vier Arten der Achtsamkeit 122
            Allgemeine Ratschläge zur Achtsamkeitspraxis ... 138
            Dinge in Frage stellen 140
            Spezielle Probleme in der Alltagspraxis 144

Ein Rat zum Schluß 151

Anhang Danksagung 155
            Informationen über die Longchen Foundation 156
            Index 159

Vorwort

Dieses Buch entstand aus einer Reihe von Einführungsvorträgen, die Rigdzin Shikpo (damals noch Michael Hookham) in den Jahren 1989 und 1990 gab, unmittelbar bevor er sein dreijähriges Retreat begann. Der erste Entwurf der Transkription dieser Vorträge zirkulierte schon für zweieinhalb Jahre privat innerhalb der Studiengruppen der Longchen Foundation in der London Buddhist Society, in Oxford und anderswo. Er diente für meine eigenen Lehraktivitäten als außerordentlich wertvolle Grundlage und wurde von all unseren Studenten so sehr geschätzt, daß ich Rigdzin Shikpo davon überzeugen konnte, diese Vorträge für ein breiteres Publikum zu veröffentlichen. Dies machte weiteres Redigieren und Bearbeiten nötig, aber Rigdzin Shikpo wurde in jeder Phase dieses Prozesses um Rat gefragt, so daß die Texte immer noch recht wortgetreu sind.

Rigdzin Shikpo, selbst im Westen geboren, hat seit mehr als zwanzig Jahren Erfahrung darin, westlichen Menschen den Buddhismus zu vermitteln. Das befähigt ihn, in einem Stil zu lehren, der die spezifischen Bedürfnisse und Bestrebungen der Menschen hier berücksichtigt. Wir hoffen, daß dieses Buch allen Lesern helfen wird, die ihre Achtsamkeit und ihre Meditationspraxis in ihrem alltäglichen Leben ausdehnen und vertiefen wollen. Außerdem wird es als grundlegendes Textbuch für das Mahayana-Übungsprogramm verwendet, das wir entwickelt haben (siehe Anhang).

Vor vierzig Jahren, als Rigdzin Shikpo zum ersten Mal mit dem Buddhismus in Kontakt kam, hatten

Menschen im Westen, die ihr Wissen in dieser Richtung vertiefen wollten, sehr wenig Material, falls sie nicht eine der kanonischen Sprachen beherrschten und die Originalliteratur studieren konnten.

Obwohl wir uns inzwischen glücklich schätzen, so viel Literatur über Buddhismus in der eigenen Sprache verfügbar zu haben, so liegt darin die Ironie, daß wir uns jetzt leicht von dem enormen Umfang und der Qualität des angebotenen Materials überwältigt fühlen können. In den traditionellen buddhistischen Gesellschaften war der Zugang zu den tiefgründigsten und detailliertesten Belehrungen streng kontrolliert. Die Schüler mußten ihren Lehrern gegenüber ihre Eignung und ihren Wert beweisen, um solche Übermittlungen zu erhalten. Es überrascht daher kaum, daß wir, die wir nicht den Vorteil hatten, in einem buddhistisch-kulturellen Milieu aufzuwachsen, uns von dem, was da auf uns zukommt, eingeschüchtert fühlen. Wie sollen wir uns diesen Dingen in angemessener Weise annähern?
Das vorliegende Buch ist als Antwort auf dieses Problem entstanden. Rigdzin Shikpos Hoffnung ist, daß viele mit Hilfe dieses Buches in den buddhistischen Pfad Vertrauen gewinnen können, in einen Pfad, der unabhängig von den zahlreichen kulturellen Formen, in denen er ausgedrückt wird, eine bemerkenswerte Einheitlichkeit in bezug auf die Tiefe der menschlichen Erfahrung aufweist, die er enthüllt und klärt.

Rigdzin Shikpo praktiziert den Buddhismus seit mehr als vierzig Jahren und führt ein normales, zeitgemäßes Leben als Mathematiker, Physiker und Computerspezialist. Mehr als zwanzig Jahre praktizierte er unter seinem wichtigsten Lehrer, Chögyam Trungpa Rinpoche, der im Jahre 1987 starb. Nach dessen Tod setzte Rigdzin Shikpo seine Praxis unter der Anleitung von Khenpo Tsültrim Gyamtso Rinpoche fort, einem Yogi und Gelehrten von höchster Verwirklichung.

Rigdzin Shikpo ist uns eine ungemein wertvoller Lehrer: Er verfügt über ein umfangreiches Wissen und über viel Erfahrung in der buddhistischen Tradition im allgemeinen und der Dzogchen-Tradition im besonderen und über starke Verbindungen mit seinen eigenen Lehrern. Er vermittelt die Essenz der Lehre des Buddha, ohne sich in der Reichhaltigkeit und Komplexität, die sich in den verschiedenen kulturellen Ausdrucksformen des Buddhismus entwickelt haben, zu verlieren oder von diesen verwirrt zu werden.

Er konzentriert sich darauf, uns zu helfen, uns mit der Unmittelbarkeit unserer gewöhnlichen Erfahrung zu verbinden. Gelegentlich macht er jedoch einen plötzlichen Sprung, und wir erhaschen einen quälend schwachen Schimmer auf eine viel umfassendere Vision – ein Gefühl, daß wir zu einer tiefgründigen und vielleicht sogar schockierenden neuen Sicht der Realität geführt worden sind.

An dieser Stelle empfinden die meisten von uns eine enorme Diskrepanz zwischen unseren Bestrebungen und unserer tatsächlichen Erfahrung, zwischen einem intuitiven Gefühl von unermeßlichem spirituellen Potential und den offensichtlichen Beschränkungen unseres gegenwärtigen Zustands.

Natürlich provoziert das die Frage, was das Gute an einer umfassenden Vision und an hochgesteckten Zielen ist, wenn wir nicht wissen, wie wir es anstellen sollen, diese zu verwirklichen.

In diesem Buch geht Rigdzin Shikpo auf das Dilemma ein, das in einer solchen Frage ausgedrückt wird, indem er uns immer wieder daran erinnert, daß der einzige Weg, der für uns offen ist, Vertrauen ist, Vertrauen in das, was unserem Wesen innewohnt.

Das Buch betont die Wichtigkeit des Vertrauens in die Natur des Geistes, die unzerstörbare Herzessenz unseres Seins. Sie ist das, was wir im Grunde unseres Herzens sind, was wir unserer Essenz nach sind – es ist jener Aspekt unseres Seins, der niemals zerstört werden kann. Er kann nicht zerstört werden, weil er niemals geschaffen worden ist – er ist jenseits von Schöpfung und Zerstörung, jenseits von Raum und Zeit. Er ist geheimnisvoll und doch so vertraut, unbeschreiblich und doch so einfach.

Die unzerstörbare Herzessenz wird in Mahayana-Texten mit verschiedenen Begriffen bezeichnet, z. B. als »Wahre Natur des Geistes«, als »Buddha-Natur« (*Tathagatagarbha*), als »Letztendliche Realität«, »Bodhicitta«, »Prajnaparamita«, »Buddhajñana«, »Leerheit von anderem« (*Shentong*) und als »Herztropfen«.

Die Natur des Geistes hat drei untrennbare Qualitäten – Offenheit/Raumhaftigkeit, Klarheit/Bewußtheit und Feinfühligkeit/Zuwendungsbereitschaft. Diese Begriffe können auf vielen Ebenen verstanden werden, aber, welche Ebene auch immer angesprochen wird, sie weisen auf Qualitäten hin, die wir in anderen wertschätzen und die wir selbst gerne hätten. In Begriffen der Dzogchen-Tradition ausgedrückt, beziehen sie sich auf Essenz (*ngowo*), Natur (*rangzhin*) und Mitgefühl (*tukje*) oder auf Leerheit (*tongpa*), Klarheit (*salwa*) und Manifestation (*nangwa*). Allerdings versucht Rigdzin Shikpo in diesem Werk nicht, die tiefgründige

Bedeutung von Dzogchen zu vermitteln, sondern er versucht, uns mit einem Gefühl des Vertrauens in unsere eigene Natur in Verbindung zu bringen. Ist dieses Vertrauen erst einmal fest aufgebaut, können wir uns in angemessener Weise einem Dzogchen-Lehrer nähern. Ohne ein solches Vertrauen läuft man Gefahr, daß aufgrund kulturell bedingter Mißverständnisse jeder Versuch, eine Beziehung zu dieser Tradition aufzubauen, ein enttäuschender Ausflug in die selbstgestrickte Phantasiewelt sein wird.

Unsere gesamte Erfahrung, sei sie positiv oder negativ, kann als Grundlage für unser spirituelles Erwachen dienen. Wir brauchen keinen besonderen Lebensstil anzunehmen oder den vollkommenen Ort, die perfekte Zeit und die besten Bedingungen zu finden. Wir können den Pfad des Erwachens in jeder sozialen Stellung, in jeder Erfahrung und in jeder Aktivität entdecken, indem wir uns all unseren Erfahrungen mit Mut, Ehrlichkeit, wirklichem Interesse und sanfter Berührung zuwenden.

Eine unbeholfene urteilende Haltung ist oft unser größter Stolperstein. Wir benutzen unsere Bestrebungen und Ideale, um uns und andere als wertlos oder als Mißerfolge zu verurteilen oder um eingebildete persönliche Identitäten zu erschaffen. Wir fürchten uns davor, unserer tatsächlichen Erfahrung ins Auge zu blicken, weil sie unseren vorgefaßten Meinungen nicht entsprechen könnte.

Rigdzin Shikpo hat einen Weg gefunden, uns durch Selbstzweifel und Zögern hindurchzuführen, und öffnet uns damit die Tür, auf eine angemessene Weise mit den Lehren der großartigen Dzogchen-Gurus der Kagyü-Nyingma-Tradition des tibetischen Buddhismus umzugehen, zu der er selbst gehört.

Wir haben grundsätzlich versucht, möglichst wenig Fachbegriffe zu verwenden. Gelegentlich haben wir allerdings Sanskrit-Wörter oder zuweilen auch tibetische Wörter verwendet, weil kein englisches (und auch kein deutsches) Wort das gesamte Spektrum des Ursprungsworts abdecken konnte oder das nächstliegende englische (bzw. deutsche) Äquivalent die falsche Nebenbedeutung hat. Wir haben uns bemüht, solche Begriffe bei ihrem ersten Auftauchen im Haupttext zu definieren.

Shenpen Hookham

Teil I

Die Natur des Geistes erkennen

In grenzenloser Sphäre zu ruhen,
wo Gedanken wie Luftblasen
erscheinen und vergehen,
das ist wunderbar.

Scharfe und lebendige Wachheit,
frei von Bezogenheit auf sich selbst,
das ist wunderbar.

Ein vor Mitgefühl schmelzendes Herz,
frei von Bezogenheit auf andere,
das ist wunderbar.

Das, was all dies erkennt,
das ist der feste Zugriff des Ego.

Rigdzin Shikpo
4. Juni 1992

Vertrauen in die Natur des Geistes

Im Buddhismus geht es darum, sich der Natur des Geistes bewußt zu werden und sie immer tiefgehender zu erkennen. Sie ist in allen Wesen und übersteigt alles, was wir ergreifen oder besitzen könnten. Sie ist die eigentliche Natur der Erfahrung selbst, und letztlich ist Erfahrung alles, was wir haben. Unsere individuelle Persönlichkeit, unsere Wesensart, ist ein recht verwirrter Ausdruck dieser grundlegenden, uns allen gemeinsamen Natur des Geistes.

Die Natur des Geistes wird in Form von drei untrennbaren Qualitäten erlebt: Offenheit (oder auch Raumhaftigkeit), Klarheit (oder auch Bewußtheit) und Feinfühligkeit (oder auch Zuwendungsbereitschaft bzw. Wohlsein).

Offenheit, Klarheit und Feinfühligkeit

Uns Menschen im Westen scheint ein wirkliches und grundlegendes Vertrauen in uns selbst zu fehlen. Falls wir überhaupt Vertrauen haben, tendiert es eher dahin, etwas grob und egozentrisch zu sein. Es sieht so aus, als ob wir kein Vertrauen in das haben, was wir als menschliche Wesen eigentlich sind. In anderen Kulturen, besonders in Asien, scheint das nicht so problematisch zu sein. Bei uns aber ist es üblich, sich selbst für ein hoffnungsloses Bündel von Komplexen und schlechten Gewohnheiten zu halten – im Grunde wertlos und nur ein Problem für uns selbst und andere. Gefühlsmäßig empfinden wir uns als leer und hohl – aber nicht in der tiefen Bedeutung, in der der Buddhismus über Leerheit spricht, die ein Empfinden von Offenheit und Raumhaftigkeit ist; wir fühlen uns eher abgekapselt und abgeschnitten – minderwertig und einsam.

Vertrauen haben in das, was wir im Grunde sind

Offenheit ist Raumhaftigkeit

Raumhaftigkeit ist etwas, worin wir völliges Vertrauen setzen können, weil es die Basis unseres Seins, unserer Erfahrung oder unseres Bewußtseins ist. Sie ist die grenzenlose Qualität der Natur des Geistes. Sie enthält ein positives Empfinden von Wohlsein und Gesundheit, das Gegenteil eines Gefühls der Raumenge und Anspannung. Jedes Lebewesen hat immer ein gewisses Raumempfinden, und sei es auch nur in dem Sinne, daß dieses blockiert zu sein scheint. Sogar ein Gefühl von Klaustrophobie spiegelt ein Bewußtsein von Raum wider.

Klarheit ist Bewußtheit

Die Bewußtheit selbst ist aufs engste mit unserer Zeitvorstellung verknüpft. Die gesamte Idee von Zeit läßt auf die Anwesenheit von Bewußtheit schließen. Manchmal scheint die Zeit schneller oder langsamer zu vergehen, aber alle Lebewesen haben immer ein gewisses Gefühl dafür, daß die Zeit vergeht.

Zur Bewußtheit gehört eine zweite Qualität, die von sich aus sehr attraktiv ist. Es ist nicht so, daß sie uns etwas Besonderes geben würde. Sie fühlt sich in sich selbst einfach sehr positiv an und übermittelt uns etwas Wirkliches und Lebendiges, etwas, das in sich selbst schon genug ist.

Feinfühligkeit ist Wohlsein

Dieses spürbare Wohlbefinden, das stets mit Bewußtheit verbunden ist, sagt uns, daß es richtig ist, noch bewußter zu sein. Eine größere Bewußtheit führt zu einem größeren Empfinden von Offenheit und Feinfühligkeit, und irgendwie ziehen uns diese Qualitäten an. Sie fühlen sich gut an. Sobald wir eine Bewußtheit für die Raumhaftigkeit entwickeln, bemerken wir auch unsere Klarheit und Bewußtheit immer mehr, und das löst in uns eine natürliche Bereitschaft zur Zuwendung aus.

Seltsamerweise neigen wir jedoch dazu, uns der Bewußtheit sehr früh zu verschließen. Warum, wenn wir die Bewußtheit so sehr schätzen, verschließen wir uns ihr so gründlich und so schnell? Haben wir Angst, daß wir etwas Unangenehmes über uns selbst, die anderen und die Welt herausfinden könnten? Es sieht so aus, als hätten wir Angst, alles könnte auseinanderfallen oder unkontrollierbar werden, wenn wir zu genau hinsähen.

Tatsächlich ist es nicht nötig, so etwas zu empfinden, da die Natur unseres Wesens grundlegend gut ist und in sich ein Gefühl des Wohlbefindens enthält. Sie ist nichts Schockierendes oder Schreckliches. Wir können es uns leisten, offen zu sein, und wir können Vertrauen entwickeln, weil dieses Wohlbefinden zur Grundlage unserer Natur gehört und die gewöhnliche Vorstellung, die wir von uns selbst haben, überschreitet. Wir neigen dazu, von uns selbst anzunehmen, wir seien getrennte Wesen mit je eigenen Vorstellungen, Gefühlen, Wahrnehmungen usw., aber die Natur des Geistes ist in allen Wesen genau die gleiche.

Alle Lebewesen besitzen Feinfühligkeit in dem Sinne, daß sie die allgemeine Fähigkeit haben, Sinneseindrücke zu empfinden und darauf zu antworten, gleichgültig welcher Art diese Eindrücke sind oder wie darauf reagiert wird. Wir alle haben also teil an dieser grundlegenden Natur.

Diese Feinfühligkeit ist es, die uns ein Gefühl des Wohlbefindens vermittelt, mit dem wir uns verbinden müssen, um uns in uns selbst gut zu fühlen. Ohne dieses Gefühl ist es unmöglich, anderen gegenüber wohlwollend zu sein. Aus diesem Grund besteht eine grundlegende Übung im Buddhismus darin, Freundlichkeit erst gegenüber sich selbst hervorzubringen, bevor wir auch nur den Versuch wagen könnten, sie gegenüber anderen zu entwickeln.

Selbst wenn wir glauben, es gebe in unserem Leben nicht viel Erfreuliches, so gibt es doch immer unsere grundlegende Feinfühligkeit. Solange wir etwas erfahren oder uns einer Sache bewußt sind, ist immer Feinfühligkeit vorhanden, und das ist schon in sich selbst gut. Wir müssen uns also mit dem Gefühl verbinden, daß es gut ist, lebendig zu sein, zu meditieren, bewußt zu sein, überhaupt irgend etwas zu erfahren. Wir müssen uns dieser Qualität von Gutsein in uns bewußt werden, um diese dann auch in der Welt wertzuschätzen, die uns umgibt.

Buddha-Natur: Die unzerstörbare Essenz des Herzens

Um feinfühlig zu sein, ist ein gewisses Maß an Offenheit und Bewußtheit nötig, und somit bilden diese drei Qualitäten die Grundlage dessen, was es ausmacht, ein fühlendes Lebewesen zu sein, sei es ein Tier oder ein Mensch oder ein anderes Wesen. Zwischen ihnen allen gibt es daher eine grundlegende Verwandtschaft, die sehr tief reicht – geradewegs bis zur Essenz dessen, was es heißt, lebendig und fühlend zu sein.

Aber wir unterscheiden uns in dem Ausmaß, in dem wir Raumhaftigkeit, Klarheit und Feinfühligkeit unserer Natur erfahren. Erfahren wir sie in ihrer Vollständigkeit, ohne Verzerrung, Blockaden oder Schleier, so handelt es sich um die grenzenlose erleuchtete Bewußtheit und Empfindungsfähigkeit des Buddha – mit anderen Worten, um grenzenlose Weisheit und grenzenloses Mitgefühl. So ist die Essenz dessen, was es ausmacht, fühlend und lebendig zu sein, gleichzeitig auch die Essenz der Erleuchtung des Buddha. Sie ist bereits da, im Herzen unseres Wesens, und sie verändert sich nie. Sie ist unsere unzerstörbare Herzessenz.

Das Wort »Buddha« bedeutet »der Erwachte«. Ein Buddha erwacht zur Wirklichkeit, d. h. zur lebendigen Gegenwart der Weite und Vitalität unserer natürlichen Offenheit, Klarheit und Feinfühligkeit. Diese Qualitäten sind sowohl die Natur des Erwachten – des Buddha – als auch die der noch nicht erwachten Wesen.

Die drei Qualitäten Offenheit, Klarheit und Feinfühligkeit stehen hinter allem, was wir erfahren. Sie sind, was wir sind – unsere Persönlichkeit, unsere Empfindungen, Gefühle, Gedanken, sie bestimmen sogar unseren Körper. Wir erschaffen sie nicht – sie erschaffen uns. Sie sind nicht etwas, was wir manipulieren oder womit wir spielen könnten. Auf natürliche Weise sind sie einfach da – als unser Erbe als fühlende Wesen, dem Lebendig- und Bewußt-Sein ganz und gar eigen und grundlegend.

Keine begrifflichen Schöpfungen

Tatsächlich bestehen beide, Geist und Körper, aus dieser raumhaften, bewußten und feinfühligen Natur, und beide gehören zum menschlichen Wesen. Wir haben eine gewisse Kontrolle über den Körper, und wir meinen, daß wir ihn besitzen. Dies könnte bedeuten, daß er nicht völlig zu unserer Natur gehört, während der Geist, weil er die grundlegende Basis für all unsere Erfahrung ist, uns mit Gewißheit wesentlich erscheint. Daher neigen wir dazu, uns mit unserem Geist zu identifizieren, und behandeln unseren Körper eher wie ein Anhängsel oder gar wie einen Sklaven. Jedoch sind weder unser Körper noch unser Geist tatsächlich unter unserer Kontrolle. Wir wissen sehr gut, daß wir z. B. viele unserer Körperfunktionen überhaupt nicht bewußt kontrollieren können. Es ist wichtig, zu erkennen, daß sowohl Körper als auch Geist zum Wesen unseres Seins gehören und unentwirrbar miteinander verknüpft sind. Sie haben eine

Körper und Geist

natürliche Seinsweise, die von der Kontrolle des Ichs unabhängig ist. Obwohl wir denken, daß wir sie kontrollieren oder daß wir in der Lage sein sollten, es zu tun, führt in Wirklichkeit die andauernde Einmischung unseres Ichs dazu, das Funktionieren beider zu verzerren.

Keine persönlich erworbene Fähigkeit oder Errungenschaft

Diese Qualitäten von Offenheit, Klarheit und Feinfühligkeit erscheinen sehr anziehend, und deshalb fühlen wir unmittelbar, daß wir sie gern besitzen möchten oder mehr davon wollen. Vielleicht fragen wir, wie es möglich ist, sie zu erlangen oder zu vermehren. Betont werden muß aber, daß die drei Qualitäten nicht unser Besitz sein können. Wir können niemals sagen: »Das ist meine Klarheit, mein Raum oder meine Feinfühligkeit.« Niemand besitzt sie. Sie sind niemandes persönliche Zierde. Niemand kann sie benutzen, um sich selbst als etwas Besonderes zu empfinden.

Dennoch sind diese drei Qualitäten immer da, sogar wenn die eigene Persönlichkeit völlig auseinanderfallen und man selbst in gewisser Weise aufhören würde, man selbst zu sein. Man kann nichts daran ändern. Man wird sie immer haben.

Der Natur des Universums eigen

In einem sehr tiefgründigen Sinn sind sie dem Universum selbst eigen. Es gibt viele wohldurchdachte Argumente in der buddhistischen Tradition, um diesen Punkt zu erklären, aber eine solche Untersuchung würde an dieser Stelle zu weit führen, bedeutete es doch, sich Fragen zuzuwenden wie: »Was meinen wir überhaupt mit Universum?«

Kein Anwachsen, kein Abnehmen

Obwohl wir diese drei Qualitäten in uns selbst bis zu einem gewissen Maß erkennen und in der Lage sind, uns vorzustellen, wie weit, offen und lebendig wir sein könnten, empfinden wir dies auf der gegenwärtigen

Erfahrungsebene doch anders. In der buddhistischen Praxis geht es darum, diese Qualitäten so weit wie möglich hervorzubringen, obwohl wir nicht wirklich davon reden können, sie zu vergrößern, denn sie sind ja in Wirklichkeit ständig völlig gegenwärtig. Genausowenig können wir sagen, wir vermehren die grundlegende Bewußtheit, denn Bewußtheit ist Bewußtheit, und sie kann weder vermehrt noch vermindert werden.

Weil wir diese Qualitäten nicht in unserer Gewalt haben, sind sie auch nicht von der Kontrolle durch unser Ich und von unserer Manipulation beeinträchtigt – sie sind einfach da. Sie machen das aus, was wir unserem Wesen nach sind, in einem viel grundlegenderen Sinn, als das Ich es ist.

Kein Inhalt des Geistes

Sorgen, Schuldgefühle, Unglücklichsein usw. rühren von der Konzentration auf den Inhalt der Gedanken her. Wenn ich mich z. B. deprimiert oder abgelehnt fühle, richte ich mich auf bestimmte Gedanken aus, etwa über Vergangenes und Zukünftiges, Falsches und Richtiges, Verluste und Gewinne. Statt dessen könnte ich meinen Fokus auf die raumhafte, klare und feinfühlige Natur meines Wesens ausrichten, die solche Gedanken und Gefühle hervorbringt. Die drei Qualitäten haben nichts mit dem Inhalt zu tun, sie sind die Natur des Bewußtheitsprozesses selbst. Es geht also nicht darum, sich einer bestimmten Sache bewußt zu sein, sondern diese Funktion der Bewußtheit zu haben.

Auch ist es nicht so, daß es etwas Besonderes gäbe, das man als raumhaft fühlen könnte. Es ist einfach so, daß Raumhaftigkeit da ist, weil diese bewußte, wache Qualität unseres Wesens Raum enthält.

Wenn wir ein wenig Platzangst haben, uns gefangen, eingezwängt, gehemmt, in eine Ecke gedrängt fühlen oder meinen, etwas blockiere unsere Sicht oder mache unseren Geist dumpf, halten wir uns nicht für sehr bewußt. Trotzdem bedeutet die bloße Tatsache unseres Lebendigseins, daß eine gewisse Bewußtheit da ist. Ohne eine bestimmte Menge an Raum, Bewußtheit und Feinfühligkeit wären wir tot. Diese Qualitäten sind die Essenz dessen, was es heißt, lebendig zu sein. Sie haben nichts damit zu tun, ob wir uns gut oder schlecht fühlen, glücklich oder traurig sind.

Keine Stimmungen

Sie sind keine Stimmungen. Sie kommen und gehen nicht. Wir sollten nicht denken, daß wir uns künstlich stimulieren müßten, um die ganze Zeit fröhlich oder immer klar und bewußt zu sein. Die drei Qualitäten sind die Grundlage jeglicher Erfahrung. Was immer wir auch erfahren, sie sind da.

Vertrauen

Wir stellten bereits fest, daß wir kein Vertrauen in das haben, was wir wirklich sind. Der Grund, warum wir von Vertrauen sprechen können, ist, daß es etwas zu entdecken oder zu erkennen gibt, was »Natur des Geistes« oder »unzerstörbare Essenz des Herzens« genannt wird und worauf wir uns verlassen können. Weil wir lebendig sind, haben wir Raum, Feinfühligkeit und Bewußtheit, und deswegen können wir noch tiefer gehen und entdecken, was diese Qualitäten wirklich sind. Es ist wunderbar zu denken, daß es ausreicht, lebendig zu sein. Die ganze Frage, ob wir gute oder schlechte Menschen sind, ist völlig irrelevant.

Das Gefühl einer verzweifelten Notwendigkeit, sich beweisen zu müssen, ist in unserer Kultur zu einer Art Besessenheit geworden. Wir sind dazu erzogen worden, zu fühlen, daß wir keinen uns innewohnenden

Wert haben und deshalb etwas tun müssen, um unsere Existenz zu rechtfertigen. Was immer wir tun, wir meinen stets, daß es nicht genug war, um unseren Wert zu beweisen, auch wenn wir noch so erfolgreich sind.

All dies ist ein Zeichen von mangelndem Vertrauen in unsere eigene grundlegende Natur. Wir identifizieren uns eher mit den verwirrten Gewohnheiten unseres Geistes als mit unserer Essenz. Es stimmt zwar, daß die drei Qualitäten bis zu einem gewissen Ausmaß von verwirrten Geistesgewohnheiten verdeckt sind, aber wenn wir allmählich erkennen, was diese Qualitäten wirklich sind, können wir solche Gewohnheiten loslassen. Von Gewohnheiten können wir uns befreien, aber nicht von dem, was wir von Grund auf sind. Weil es sehr schwer ist, geistige Gewohnheiten loszuwerden, sollten wir die Ursache angreifen, d. h. unseren Mangel an Vertrauen in das, was wir sind: grenzenloser Raum, Bewußtheit und Wohlbefinden.

Die drei Qualitäten sind immer mit uns, in jedem Moment. Wie der Himmel verschwinden sie nicht in dem Augenblick, in dem wir nicht mehr an sie denken. Wir brauchen nicht ständig bewußt auf sie zu achten, damit sie vorhanden sind. Sie verschwinden nicht, auch dann nicht, wenn wir schlafen oder bewußtlos sind.

Himmel und Wolken

Das Problem ist, daß die Natur dieser Qualitäten verdunkelt ist. Aber der Prozeß der Verdunkelung ist nicht immer gegenwärtig, er gehört nicht zu unserem Wesen. Die gewohnten Gedankenmuster, die die grundlegende Natur des Geistes verbergen, können mit Wolken verglichen werden, die den Himmel bedecken. Sowohl positive als auch negative Gedanken und Gefühle sind wie Wolken. Die grundlegende

Natur des Geistes ist jenseits aller Urteile von gut und schlecht, glücklich und traurig. Alle solche Beurteilungen sind selbst wie Wolken. Sie kommen und gehen, ohne sich auf den Himmel auszuwirken, der davon niemals verdorben oder befleckt wird.

Die drei Qualitäten nähren einander

Um dieses Gespür für Raum zu entwickeln und zu schätzen, brauchen wir schon eine bestimmte Menge an Bewußtheit und Feinfühligkeit. Mit Raumhaftigkeit, Bewußtheit und Feinfühligkeit/Wohlbefinden geschieht also eine Art sich wechselseitig nährender Rückkopplungsprozeß. Vertrauen ist ein Ausdruck unseres Empfindens von Wohlbefinden und befähigt uns, uns auszudehnen und weiter in die Raumhaftigkeit hinein loszulassen, was sich wiederum auf unsere Bewußtheit, unser Wohlbefinden und unser Vertrauen auswirkt.

Samaya

Samaya bedeutet eine Bindung, der man nicht entkommen kann. Das oben beschriebene Wohlbefinden entsteht, weil uns Raum, Bewußtheit und Feinfühligkeit auf natürliche Weise eigen sind. Dies ist unsere unentrinnbare Bindung an die Natur der Wirklichkeit. *Samaya* zu respektieren oder zu schützen bedeutet, diese Realität vollkommen als etwas zu akzeptieren, woran wir gebunden sind und dem wir nie entkommen können – vergleichbar einem Versprechen, das wir jemandem gegeben haben. Wir sind dadurch gebunden. Es ist unser *Samaya*.

Uns selbst oder andere anzuschwärzen, d. h., irgend jemanden als geringer anzusehen, als er wahrhaft ist, bedeutet, uns selbst in endlose Kämpfe, in Konflikt und Verwirrung zu verwickeln. Denn dann ringen wir mit der unausweichlichen Natur der Realität. Anstatt dieses grundlegende *Samaya* zu akzeptieren und zu respektieren, bekämpfen wir es.

Tatsache ist, daß jedes menschliche Wesen an diese untrennbaren Qualitäten gebunden ist. Keiner kann sie loswerden, was immer er auch tut. Sogar der böseste Mensch der Welt hat noch Bewußtheit, und diese Bewußtheit muß im Raum funktionieren, auch wenn es sich nur um den gewöhnlichen physischen Raum handelt, in dem dieser Mensch sich bewegt. Lebendig zu sein heißt, etwas physisch und psychisch zu empfinden, so daß wenigstens diese natürliche Feinfühligkeit immer vorhanden ist. Sie ist unausweichlich.

Zu Anfang unserer Übung schaffen wir eine leicht konzepthafte Version dieser drei Qualitäten. Obwohl jegliche begriffliche Anstrengung sie verzerrt, müssen wir irgendwo beginnen, und es ist ein Anfang, sie als Konzepte wertzuschätzen und ihnen zu vertrauen. Für die meisten von uns ist es schon ein großer Schritt, uns von der gewöhnlichen schlechten Meinung, die wir über uns selbst haben, wegzubewegen, um gerade einmal die Anfänge dieser Art von Vertrauen zu entwickeln, über das wir hier sprechen.

Konzepte können Konzepte entfernen helfen

Im Laufe unserer Praxis wird der Geist dann feiner, und wir durchschauen die Grobheit unserer früheren Denkweise. Wir beginnen in bezug auf die drei Qualitäten den Unterschied zwischen begrifflichen Vorstellungen und einer eher direkten Erfahrung zu schätzen. Vielleicht dauert es ein paar Jahre, bevor wir dies bemerken, aber die Zeit ist nicht vertan – schließlich haben wir am Ende dieser Jahre etwas Unschätzbares, eine weitere und klarere Vision.

Fünf Gedanken, die korrigieren, wie wir über uns und andere denken

1. Ich habe einen mir innewohnenden Wert

Als erstes müssen wir die Art und Weise, wie wir über uns selbst denken, korrigieren. Dies geschieht durch Meditation, dadurch, daß wir uns allmählich über den uns innewohnenden Wert klarwerden; denn die Meditation soll dazu führen, daß wir uns mit einer direkten, einfachen Bewußtheit der drei untrennbaren Qualitäten der Natur des Geistes verbinden.

Wenn diese Bewußtheit anwächst, wird alles, was passiert, werden die Höhen und Tiefen usw. einfach zu Wolken am Himmel. Es gibt nichts, was wirklich ein Problem wäre. In der Meditation geht es nicht darum, einen wolkenlosen Himmel zu wollen. Solange wir wissen, daß der Himmel da ist, stellen die Wolken kein wirkliches Problem dar. Die Wolken können nach Belieben kommen und gehen.

In der Meditation geht es vielmehr darum, diese dem Himmel gleiche Qualität unseres Wesens zu erkennen. Dies gibt uns ein Gefühl von echtem Vertrauen in uns selbst, weil es sich auf das Wissen stützt, daß wir einen Wert an sich und ein uns innewohnendes Potential haben.

Ich erinnere mich an eine Aussage von Trungpa Rinpoche, daß wir manchmal glaubten, wir brauchten eine Herzverpflanzung, als ob unser eigenes Herz nicht gut genug wäre, als ob uns die Qualitäten eines wahren und guten Herzens fehlten. Aber es ist keine Transplantation nötig. Alles, was wir brauchen, ist bereits in uns, in dieser dem Himmel gleichen Qualität unseres Wesens, so daß wir ein enormes Vertrauen in diese Qualität entwickeln können.

Als zweites müssen wir erkennen, daß unsere Negativität nicht zu unserem eigentlichen Wesen gehört. Wir mögen denken: »Ich habe nicht genug Mitgefühl«, oder: »Ich bin kein wirklich guter Mensch«, oder: »Kann ich wirklich diesem Pfad folgen?« oder: »Bin ich nicht ein zu schwaches Individuum, um das zu tun?«, aber es ist sinnlos zu behaupten, wir seien zu schwach, einem solchen Pfad zu folgen. Diese dem Himmel gleiche Natur wohnt unserer eigenen Natur inne; und so ist es selbstverständlich, daß wir uns damit verbinden können. Unsere Negativität ist nur von außen hinzugefügt worden – sie gehört überhaupt nicht zu unserem Wesen.

2. Meine Fehler gehören nicht zu meinem eigentlichen Wesen

Als drittes müssen wir dies nicht nur auf uns, sondern auch auf andere anwenden. Wenn wir erkennen, daß die anderen ebenfalls diese ihnen innewohnende, dem Himmel gleiche Qualität haben, hält uns das davon ab, uns ihnen gegenüber entweder überlegen oder unterlegen zu fühlen. Wir alle teilen genau die gleiche raumhafte Qualität.

3. Die anderen haben einen ihnen innewohnenden Wert

Dies führt uns zum vierten Punkt, der besagt, daß die Negativität der anderen genausowenig zu deren eigentlichen Wesensmerkmalen gehört wie unsere Negativität zu uns. Obwohl wir sehen, daß andere sich in einer Art verhalten, die wir als negativ beurteilen, oder obwohl wir erkennen, daß sie Fehler haben, ist dies kein Grund, sie als uns unterlegen zu betrachten oder sie zu verachten. Wie schlecht sie sich auch immer verhalten mögen, sie können weder ihrer eigentlichen Natur entkommen noch dem Schmerz, daß sie nicht fähig sind, dies zu erkennen.

4. Die Fehler der anderen gehören nicht zu deren eigentlichem Wesen

Wenn wir uns andauernd damit beschäftigen, andere zu kritisieren und Fehler an ihnen zu finden, so ist dies oft nur die Kehrseite unserer eigenen Schuldgefühle. Anderen Vorwürfe wegen ihres schlechten Verhaltens zu machen, scheint uns eine Art von Erleichterung, um nicht zu sagen Vergnügen zu bringen, als ob andere zu tadeln uns davon freisprechen würde, uns selbst zu tadeln. Das aber ist alles ganz unnötig und unangebracht. Warum denken wir nicht eher über die Tatsache nach, daß die »Schlechtheit« der anderen genausowenig zu ihrer eigentlichen Natur gehört wie unsere »Schlechtheit« zu unserer Natur. Da wir alle gleichermaßen die angeborene Natur des Geistes besitzen, können wir alle letztendlich Erleuchtung verwirklichen. Wir sind ganz wunderbar – alles, was wir tun müssen, ist, uns darin zu üben, es zu sehen.

5. Ich kann andere lieben wie mich selbst

Der fünfte und letzte Gedanke besagt, daß wir aufgrund der Identität von uns selbst und anderen die gleiche Liebe für uns wie für andere haben können. Menschen, die sich selbst hassen oder für schlecht halten, haben damit ein Problem. Wenn wir erst einmal Zuversicht und Vertrauen in unsere eigene Natur entwickelt haben, können wir damit beginnen, uns in andere einzufühlen und ihnen gegenüber Freundschaft zu empfinden. Dann können wir spontan und natürlich auf ihre Bedürfnisse und Wünsche reagieren.

Vielleicht spüren wir, daß wir so sein wollen, aber daß uns irgend etwas blockiert, so daß wir meinen, wir können es nicht. Dieser Eindruck, daß es nicht möglich ist, kommt aus einer tiefverwurzelten Identifikation mit der eigenen Negativität. Meditation ist das Mittel, um unsere Fixierung auf diese falsche Vorstellung zu entfernen, indem sie uns an die Natur des Geistes erinnert. Allmählich wird sich dies auf unser Alltagsleben auswirken.

Wenn man sich fragt, wie Wahrnehmungen, Gedanken und Emotionen die Natur des Geistes verdunkeln, könnte eine Analogie helfen: Wenn wir z. B. an Gelbsucht erkrankt sind, sehen wir weißes Papier als gelb. Etwas in unserem Sehvermögen bedarf der Korrektur, obwohl im Grunde genommen weder unsere Augen noch das Papier »falsch« sind. Wenn wir allerdings denken, das Papier sei tatsächlich gelb, und versuchen, es weiß zu machen, sind wir zum Scheitern verurteilt. Wie jede Analogie stimmt auch diese nur bis zu einem gewissen Punkt.

Die illusionshafte Natur unserer Wahrnehmungen

Ein häufiger Vergleich ist auch der, daß Gedanken und Emotionen wie optische Illusionen sind. Man nehme z. B. eine Zeichnung, die entweder als Trinkbecher oder als zwei Gesichter gesehen werden kann. Ohne irgend etwas zu verändern, erschafft eine einfache Umstellung in der Art und Weise, wie wir die Linien der Zeichnung ansehen, ein völlig anderes Bild. Ein gebräuchliches Beispiel in buddhistischen Schriften ist ein einzelner weißer Lichtstrahl, der auf einen Kristall scheint. Ohne die Natur des Lichts im geringsten zu verändern, kann die optische Brechungskraft des Kristalls ein ganzes Spektrum von verschiedenen Farben zum Vorschein bringen.

Die drei grundlegenden Qualitäten Offenheit, Feinfühligkeit und Klarheit sind die Essenz unseres Wesens und die Quelle von allem, was gut, echt und wahr in uns ist; sie sind die Quelle des Lebens selbst und bringen das Gefühl hervor, daß es etwas zu erlangen, etwas zu erkennen gibt, etwas jenseits von uns, ja sogar noch jenseits der Welt, nach der wir streben können. Es ist, als ob jene Klarheit oder Bewußtheit in uns bereits wüßte, was sie zu entdecken sucht, und als ob sie uns keine Ruhe gönnen würde, bis wir es gefunden hätten.

Die Quelle aller wahrhaften Inspiration und allen Strebens

Der Pfad des Nicht-Tuns

Die meiste Zeit über gehen wir in einer Art von selbst ausgelöster Erstarrung der Nicht-Bewußtheit umher. Das Bestreben des buddhistischen Pfades ist es, diese Nicht-Bewußtheit zu beseitigen. Im Buddhismus geben wir durch Meditation dem Geist Raum, seine Bewußtheit zu schärfen und auszudehnen.

Sehen, nicht tun

Wenn wir meditieren oder Bewußtheit in unserem Alltag üben, ist dies nicht etwas, wovon wir sagen können: »Ich tue etwas.« Wenn »ich« etwas täte, würde sich das Ergebnis immer als falsch herausstellen. Hier geht es um einen Prozeß des »Nicht-Tuns« von begrifflichen Vorstellungen und Konstruktionen.

Prozeß des Ent-Lernens

Da die Praxis nicht darin besteht, irgend etwas Bestimmtes zu »tun« oder irgendeine bestimmte Art von begrifflichem Rahmen zu entwickeln, ist sie eher ein Prozeß des Ent-Lernens als einer des Lernens. Es geht darum, sich nicht in bestimmte alte Gewohnheiten darüber zu verwickeln, wie man mit der Welt und der eigenen Erfahrung umgeht.

Diese Gewohnheiten, gute wie schlechte, tauchen in jenem Raum des Wohlbefindens auf und haben gleichzeitig damit nichts zu tun. Sie könnten ihn weder hervorbringen noch zerstören, wie schlecht sie auch immer sein mögen.

Prozeß des Aufdeckens

Die drei Qualitäten durchdringen unsere gesamte Erfahrung, und im Laufe unserer Praxis werden sie allmählich enthüllt oder aufgedeckt. Was wir »tun«, ist, daran zu arbeiten, die Verdunkelungen zu entfernen. Die buddhistische Praxis entfernt jene Dinge, die

die drei Qualitäten davon abhalten, sich in ihrer Ganzheit in unserer Erfahrung auszudrücken, und die sie somit davon abhalten, in unsere Welt hinein auszustrahlen.

Sowohl die Sitzmeditation als auch das Hineintragen der Praxis in den Alltag wird zu einer Art Suche – einem Entdeckungsprozeß. Zu finden ist nicht die »Wahrheit« als eine Art von begrifflicher Formel oder als Idee, sondern es geht darum, tatsächlich etwas Wirkliches in uns selbst zu entdecken.

Das Streben, die Natur des Geistes zu entdecken

Es geht einfach darum, daß wir lernen, uns auf Qualitäten auszurichten, die wir bereits haben, die aber nichts mit dem Ego-Prozeß der Selbstbestätigung oder -verteidigung zu tun haben.

Ein Prozeß des Wiederanknüpfens

Zweck der buddhistischen Meditation ist nicht, einfach nur ruhig zu werden, obwohl dies ein willkommener Nebeneffekt sein kann. Oft wird Meditation so verwendet, als sei sie eine Therapie, die helfen soll, bestimmte Probleme zu lösen, z. B. Spannungen oder emotionale Störungen. Dieser Ansatz ist problematisch, weil er zu projektorientiert ist. Obwohl buddhistische Meditation letztendlich zu größerem geistigen Frieden und zu innerem Gleichgewicht führt, ist es wichtig zu verstehen, daß dies nicht die unmittelbare Ausrichtung der Meditation ist. Wenn man sich auf Ruhe ausrichtet, neigt man dazu, den Geist zu manipulieren oder das Bewußtsein so herabzudämpfen, daß es aufhört, sich soviel zu bewegen. Das ist das genaue Gegenteil von dem, was erreicht werden soll.

Manipulierte Ruhe ist keine Stabilität des Geistes

Erste Erfahrungen der Natur des Geistes

Meditation und Praxis im Alltag sind ein Pfad der Entdeckung, weil etwas entdeckt werden will. Dies wird »Natur des Geistes«, »Buddha-Natur« oder »unzerstörbare Herzessenz« genannt. Aber was ist es? Genau das muß jede und jeder von uns in sich selbst entdecken. Der Weg ist der Prozeß des Aufwachens, durch den wir dahin gelangen, es zu erkennen.

Der Prozeß beginnt damit, daß wir die drei Qualitäten der Natur des Geistes in ihrer verzerrten Form sehen, d. h., wir beginnen mit einem Verstehen, das zunächst einmal begrifflicher Art ist. Dieses wird immer subtiler, wenn wir auf dem Pfad fortschreiten. Irgendwann beginnen wir blitzartige Erfahrungen (*nyams*) von intuitivem Verstehen oder von Einsicht zu erleben, die uns befähigen, die drei Qualitäten klarer zu erkennen und sie umfassender zu erfahren. Allerdings sind solche Erfahrungen (*nyams*) auf dem Pfad nicht stabil und zuweilen irreführend. Obwohl interessant und manchmal auch recht hilfreich, sind sie im Grunde doch bedeutungslos. Die eigentliche Herausforderung des Pfades besteht im beharrlichen Festhalten an diesem langen, langsamen Prozeß der sich entwickelnden Stabilität von Einsicht oder Realisierung. Dies bedeutet, daß man anstelle von kurzen, blitzartigen Erfahrungen die direkte und vollständige Realisierung dessen erlebt, was wahr ist. Dies ist das Ziel des Pfades – vollständiges und vollkommenes Erwachen.

Es fällt uns schwer zu glauben, daß diese dem Himmel gleiche Qualität die wahrhaft menschliche Natur ausmacht, weil es so aussieht, als ob die verwirrte, fehlerhafte Wahrnehmung, die wir ständig erfahren, das Eigentliche sei. Obwohl wir über Meditation sprechen und darüber, daß wir uns mit der raumgleichen Qualität verbinden wollen, arbeiten wir doch im alltäglichen Leben immer nur mit der Verwirrung. Aus diesem Grund ist es wichtig zu verstehen, daß Verwirrung und die darin auftauchenden negativen und positiven Emotionen selbst ein Ausdruck der drei grundlegenden Qualitäten sind, wenn auch in verzerrter Form.

Unsere gegenwärtige verwirrte Erfahrung ist eine Verzerrung der drei Qualitäten des Geistes

Es ist nicht schwer zu sehen, daß all die positiven Qualitäten, die man mit der Buddhaschaft verbindet, Ausdruck jener drei Qualitäten sind. Schwieriger ist es zu sehen, daß alle negativen Zustände, die wir in uns finden, ebenfalls deren Ausdruck sind. Eine der Buddha-Qualitäten ist z. B. Mitgefühl, und zwar wirkliches Mitgefühl, d. h. ein Wohlbefinden, endlos wie der Himmel, bewußt, feinfühlig und bereit, sich auf das Leiden der Wesen einzulassen. Auf dem Bodhisattva-Pfad[1] können wir sehen, wie eine solche Qualität zum Vorschein kommt, weil die Bodhisattvas Großzügigkeit, richtiges Handeln, Geduld usw. üben. Obwohl dieses Mitgefühl keine definierbare oder faßbare Qualität ist, können wir sie erkennen, wenn sie gegenwärtig ist.

Mitgefühl, Großzügigkeit und ähnliche Qualitäten manifestieren sich von Zeit zu Zeit auch in uns, aber wir haben die Neigung, sie eher zu etwas Festem und Greifbarem zu verzerren. Wir haben die Gewohnheit,

---

[1] Ein Bodhisattva ist eine Person, die für die Erleuchtung aller Wesen arbeitet.

eine mitfühlende Reaktion als »mein« Mitgefühl oder »meine« Großzügigkeit anzusehen und somit beschränken wir sie, setzen ihr Grenzen. Vielleicht sollten wir einmal darüber nachdenken, ob überhaupt »mein« Mitgefühl oder »ich« daran beteiligt war. Vielleicht handelte es sich um einen flüchtigen Sonnenstrahl unserer wahren Natur, der hindurchschimmerte.

Die größte Schwierigkeit besteht darin, einzusehen, daß dies auch bei negativen Qualitäten wie Gier und Haß der Fall ist. Auch sie sind verzerrte Manifestationen unserer wahren Natur. Wenn die Begrenzungen entfernt werden, offenbaren sie sich als Buddha-Qualitäten. Auch wenn dies schwer zu erkennen ist, ist es doch wertvoll, darüber nachzudenken, sogar schon am Anfang des Pfades.

Haß z. B. ist die Qualität des kräftigen Ausschlagens, um Hindernisse zu zerstören oder zu entfernen. Durch die verwirrte Wahrnehmung von sich und anderen oder von gut und schlecht ist er begrenzt. Wenn diese Begrenzungen entfernt werden, ist die Essenz dieser Haß-Energie nicht Haß, sondern die Buddha-Qualität, die Hindernisse durch das Erkennen der letztendlichen Nicht-Existenz jeglicher Art von Hemmung entfernt. Wenn diese wahre Sicht so verdreht ist, daß die Behinderung als fest und wirklich erscheint, verwandelt sich diese Energie in den gewöhnlichen, uns bekannten Haß.

Indem wir Bewußtheit im Alltag praktizieren, beginnen wir zu erkennen, daß Gier und Haß aus Parteilichkeit entstehen. Im Falle des Hasses drückt sich diese Parteilichkeit in dem Wunsch aus, etwas solle nicht existieren, solle zerstört sein. Wenn wir anfangen, unsere eigene Qualität von Offenheit oder Raumhaftigkeit zu erkennen, sind wir fähig zu sehen, daß diese Qualität auch auf der Seite des gehaßten Objekts existiert. Dann beginnt sich auch die Qualität unseres Hasses zu verändern. Schließlich ist es nicht länger Haß – es ist etwas, was mit gewöhnlichen Worten kaum ausdrückbar ist. Aber die Energie und Dynamik dessen, was Haß war, bleibt und ist zu etwas Kreativem geworden.

In ähnlicher Weise ist auch Gier die Verzerrung einer Buddha-Qualität, nämlich des Gefühls, etwas sehr Kostbares, sehr Wertvolles zu besitzen, das Wohlbehagen hervorruft. Man spürt, daß das Kostbare bereits vorhanden ist. Eine Verzerrung geschieht durch die fälschliche Wahrnehmung eines Unterschieds zwischen Subjekt und Objekt. Wir meinen, daß dort draußen etwas Gutes und Begehrenswertes sei, nach dem wir hinlangen müssen, um es zu ergreifen und zu besitzen. Wenn wir erkennen, daß diese Art von Wohlbefinden, das das Objekt zu haben scheint, tatsächlich eine Qualität unseres eigenen inneren Wesens ist, bleibt das, was Gier war, zwar bestehen, aber wird zu jener mit Wohlgefühl verbundenen Qualität der Feinfühligkeit und Zuwendungsbereitschaft, den Buddha-Qualitäten von Wonne und Mitgefühl.

Dummheit ist eine Verzerrung der Buddha-Qualität der Raumhaftigkeit. Weil wir uns für isolierte Individuen halten, die von anderen und der Welt um uns herum abgeschnitten sind, fühlen wir uns eingeschlossen. Wir wollen die Welt ausschließen, und das macht uns dumpf und dumm. Wir können und wollen weder die Unermeßlichkeit unseres Wesens noch dessen Leerheit und Raumhaftigkeit sehen. In dieser Atmosphäre können weder Klarheit noch Feinfühligkeit gedeihen. Wenn wir beginnen, unsere Schutzmaßnahmen loszulassen, die wir als Abwehr gegen das Erkennen der raumhaften leeren Natur unseres Seins entwickelt haben, bleibt das, was Dummheit war, zwar bestehen, aber es ist zur Buddha-Qualität der nicht-greifbaren Raumhaftigkeit jenseits aller Konzepte und begrifflichen Künstlichkeit geworden.

Keine Form von Reduktionismus

Vom praktischen Standpunkt aus gesehen, ist es wichtig aufzupassen, daß das Sprechen über Raum, Bewußtheit und Wohlbefinden nicht zu einer Art von Reduktionismus wird. Vielleicht begehen wir den Denkfehler, die Dynamik der Welt, die Art und Weise, wie wir uns anderen gegenüber verhalten, unser Gefühl für Schönheit usw. nur als Ausdruck dieser drei Qualitäten anzusehen und zu meinen, diese Sicht allen Dingen überstülpen zu müssen.

Das ist nicht gemeint. Versuche nicht, die reichhaltige Vielfalt der Qualitäten, die in deiner inneren und äußeren Welt zu finden sind, zu verleugnen oder zurückzuweisen. Lerne, mit ihnen allen richtig umzugehen. Arbeite mit ihnen im Sinne von Offenheit, Bewußtheit und Wohlbefinden, um sie alle vollständig und gleichermaßen wertzuschätzen, nicht, um sie auf eine fade Gleichheit zu reduzieren.

Zum Beispiel neigen wir zu dem Glauben, unsere Großzügigkeit und unser Schönheitssinn seien gut – und das sind sie auch, aber sie sind es nur teilweise. Ich bin möglicherweise großzügig, aber ich bin es nicht jederzeit in dem gewünschten Maß. Vielleicht habe ich einen Sinn für Schönheit, aber er ist nicht allumfassend, nicht immer zutreffend.

Indem wir im Bewußtsein dieser drei Qualitäten praktizieren, dehnt sich unser Gespür für Schönheit, für Großzügigkeit usw. ins Unermeßliche aus, jede Vorstellung übersteigend. Unsere Freude an den Dingen wird zu etwas, was die physischen Begrenzungen dessen überschreitet, was normalerweise mit Freude bezeichnet wird.

Unser gewöhnliches Körpergefühl kann die volle Intensität der drei Qualitäten nicht fassen und neigt dazu, sie zu filtern oder ihre Kraft zu reduzieren. Wenn sich unsere Bewußtheit ausdehnt und vertieft, verändert sich auch unser Körpergefühl, und wir erfahren alles viel intensiver.

Unsere Körperlichkeit begrenzt uns

Im allgemeinen meinen wir, daß wir nur aufgrund des Körpers und dessen Sinne überhaupt irgend etwas erfahren können. Jedoch ist der Körper in einem tiefgründigen Sinne selbst Teil eines Prozesses der Einengung. Wir sind unfähig, die Dinge richtig zu erfahren, weil sie durch die Tatsache, daß sie durch den Körper erfahren werden müssen, einer Verwirrung unterworfen sind. Obwohl es eine Tatsache ist, daß wir uns im Moment nicht vorstellen können, irgend etwas auf eine andere Art und Weise zu erfahren, können wir wenigstens beginnen zu bemerken, daß der Körper, so wie wir darüber denken, ein Produkt unserer Vorstellungen ist, ein »Körperbild«, das unser Geist hervorbringt. Wir drücken uns durch dieses Bild aus, das selbst wiederum ein Teil des Verwirrungsprozesses ist.

Schönheit und Genuß

Ananda sagte einmal zum Buddha: »Die Hälfte des heiligen Lebens, Herr, ist die Freundschaft mit dem, was wunderbar ist, die enge Vertrautheit mit dem, was wunderbar ist.« Der Buddha entgegnete: »Sag das nicht, Ananda! Sag das nicht, Ananda! Es macht das gesamte heilige Leben aus, nicht das halbe.«[2]

---

[2] Aus dem *Samyutta Nikaya* des Pali Kanon. Hier zitiert aus: *Some Sayings of the Buddha*, hrsg. von F. L. Woodward, S. 139.

So ist die Vorstellung mancher Leute, der Buddhismus pflege Kälte und Abkopplung von jeglicher Art von Gefühl, ein völliges Mißverständnis. Vielmehr befürwortet der Buddhismus den Genuß. Erwachen ist ein Prozeß der Steigerung der Qualität von allem, was wir in unserem Alltag erfahren.

Verfeinerungsprozeß geistiger Zustände

Wir beginnen damit, uns auf Offenheit, Bewußtheit und Wohlbefinden auszurichten, so wie sie in ziemlich groben Geisteszuständen zum Ausdruck kommen – dadurch schaffen wir eine Verbindung zu den drei Qualitäten. Nach einiger Zeit haben wir den Eindruck, daß uns dies weitgehend gelungen ist. Normalerweise bedeutet das einfach nur, daß wir uns mit einem Geisteszustand verbunden haben, der sich im Vergleich zu früher verfeinert hat. Das ist auch gut so. Alles ist Teil des Übungsprozesses – von uns wird nicht erwartet, beim ersten Mal alles schon völlig richtig zu machen. Wir halten unsere Übung einfach aufrecht, und, nach und nach, weil sich unser Geist auf diese neue Subtilität ausrichtet, wird sich dies auf unsere alltägliche Erfahrung auswirken.

Allmählich wird sich sogar das als zu grob anfühlen, und wir sehen weitere Feinheiten. Das alles ist ein Teil des Prozesses. Wir können nicht erwarten, die subtilsten Schichten des Groben zu erkennen, bevor sich unser Geist nicht verfeinert hat.

Wie das Abschälen von Schichten

Es ist wie das Abschälen von Zwiebelhäuten. Immer wieder erkennen wir, daß es noch eine weitere Ebene der Feinheit in Raumhaftigkeit, Klarheit und Wohlbefinden gibt, die wir zuvor nie bemerkt hatten. Sie kann jedoch immer noch auf sehr subtile Weise begrifflich sein. Schließlich erkennen wir, daß sogar das relativ grob ist.

Auf diese Weise gehen wir durch eine Folge von Ebenen, und letztlich wird unsere Intuition, oder wie immer man das bezeichnen mag, ausreichend scharf, so daß die Erfahrung dieser drei Qualitäten, so wie sie wirklich in sich selbst sind, hervortreten kann – in all ihrer Unermeßlichkeit und Pracht.

Wenn wir beginnen, uns mit Erfahrungen zu verbinden, die sich einer wirklichen oder direkten Realisierung dieser Qualitäten annähern, scheinen sich diese Erfahrungen seltsamerweise von außerhalb zu nähern, als seien sie etwas, daß uns geschieht, anstatt etwas, daß unsere eigentliche Natur ist.

Eine Kraft unabhängig von Eigenwille und Anstrengung

Wir beschäftigen uns mit der Praxis, weil wir irgendwie bessere Menschen werden wollen – weiser, mitfühlender, energetischer, großzügiger, dankbarer oder was auch immer. Obwohl wir denken, daß wir diese Qualitäten nicht haben, ist es, als spürten wir, daß es uns möglich ist, sie zu besitzen – aus diesem Grund wollen wir sie. Sie sind Dinge, die wir gern erlangen würden. An einem bestimmten Punkt erkennen wir jedoch als direkte Erfahrung, daß die Quelle all jener Qualitäten kein abstraktes Ideal ist, sondern daß sie lebendig ist und in uns selbst liegt. Obwohl wir eine wirkliche Beziehung und Verbindung zu ihr haben, ist sie doch nicht etwas, was wir manipulieren oder für uns gewinnen könnten.

Trungpa Rinpoche beschrieb diese Quelle unseres Seins als eine irritierende Qualität, an der wir nichts ändern können. Wir können sie nicht beschwindeln oder sie zu etwas verleiten. Mit anderen Worten, diese drei Qualitäten manifestieren sich frei unter den richtigen Umständen. Sie sind eine Kraft oder eine Quelle des Lebens, die wir nicht betrügen oder überlisten können.

Die drei Qualitäten sind eins

Es mag so aussehen, als ob die drei Qualitäten drei unterschiedliche Erfahrungen seien. Zunächst ist es nützlich, Bewußtheit, Raum und Wohlbefinden zu unterscheiden. In Wirklichkeit sind jedoch alle drei eine einzige Erfahrung der Bewußtheit, die überall ist. Das Potential dieser Erfahrung der Klarheit trägt in sich die Qualität von Feinfühligkeit und Wohlbefinden.

Die drei Erfahrungen

Es gibt drei große Erfahrungen (*nyams*), die an einem bestimmten Punkt der Meditationspraxis spontan auftauchen. Aber es wäre falsch zu denken, daß es sich bei der Meditation um den Versuch handle, diese *Nyams* hervorzubringen. Die drei *Nyams* heißen »Freisein von Gedanken«, entstanden aus der Qualität der Raumhaftigkeit, »Klarheit«, entstanden aus der gleichnamigen Qualität, und »Wonne«, entstanden aus der Qualität der Feinfühligkeit. Die drei *Nyams* entsprechen also den drei Qualitäten des Geistes.

Wenn diese *Nyams* auftauchen, beginnen wir die Qualitäten der Raumhaftigkeit, Klarheit und Feinfühligkeit sehr stark zu empfinden, in einer Weise, die man »objektiv« nennen könnte; objektiv in dem Sinne, daß sie von selbst geschehen und kein Produkt unseres eigenen Geistes oder unserer Anstrengung zu sein scheinen.

Die wirkliche meditative Erfahrung der Raumhaftigkeit oder des Nicht-Denkens (*mi tok pä nyam*) ist die Erfahrung, von einem Bezugspunkt, den du bei gewöhnlichen Gedanken normalerweise hast, frei zu sein. Du bist einfach da, in einem sehr tiefgründigen Sinn.

In der Klarheitserfahrung (*säl nyam*) wird der Geist sehr lebendig und scharf. Das ist Klarheit und Bewußtheit zusammen und kann sogar mit einem Lichterlebnis verbunden sein, so daß du das Gefühl hast, daß sich die Klarheit überallhin ausdehnt und dabei offenbart, was zuvor verdeckt war.

Die Erfahrung der Wonne (*de nyam*) ist mit Feinfühligkeit, Zuwendungsbereitschaft oder Wohlsein verbunden. Die Qualität der Feinfühligkeit ist immer mit einem Wohlsein verbunden, so daß sich in dieser Erfahrung alles gut anfühlt. Deinem Körper und Geist geht es insgesamt großartig.

Die drei Nyams auf einmal

Es ist möglich, daß alle drei Erfahrungen gleichzeitig geschehen. Das ist dann etwas sehr Besonderes. Du fühlst dich großartig, du empfindest Helligkeit und Raum – und das gleichzeitig. Die Helligkeit erfüllt den Raum, und dieses Wohlsein empfindest du überall.

Bei keinem dieser *Nyams* ist irgend etwas falsch. Sie geschehen einfach als natürlicher Teil des Pfades – und das muß noch nicht einmal während der Meditation sein.

Was es zu vermeiden gilt

Problematisch wird es, wenn du anfängst zu denken: »Ah, endlich habe ich es geschafft.« An diesem Punkt ist es möglich, vom Pfad abzuweichen. Es kann leicht geschehen, daß ein Mensch aus dem Westen, der noch nie zuvor irgendeine Meditationspraxis ausgeübt hat, von der Erfahrung eines oder mehrerer dieser *Nyams* umgeworfen wird und dabei denkt: »Toll, also darum geht es die ganze Zeit!« Wenn du damit zu einem Meditationslehrer gingest, würde dieser wahrscheinlich nur mit den Schultern zucken und sagen: »Ja, ja, das passiert immer, wenn man meditiert. Kümmere dich nicht darum. Darauf kommt es bei der Meditation nicht an.«

Eine solche Aussage macht ein Lehrer oder eine Lehrerin, damit du nicht meinst, es ginge nur darum, diese Erfahrungen zu machen, und damit du diese nicht viel zu wichtig nimmst. Du könntest dir eine Art Phantasiewelt aus diesen Erfahrungen zurechtzimmern. Vielleicht wäre das eine herrliche Welt, aber darum geht es im Buddhismus nicht.

Im Buddhismus geht es darum, jede Erfahrung in gleichem Maße zu würdigen: Weder soll man sich von guten Erfahrungen erregen noch von schlechten niederdrücken, noch von neutralen enttäuschen lassen; statt dessen soll man alle Erfahrungen in gleicher Weise empfinden. Ob du die Erfahrung als gut, schlecht oder neutral beurteilst, ist irrelevant; der springende Punkt ist, in der Natur der Erfahrung selbst zu verweilen.

Im Buddhismus strebt man danach, zu erkennen, daß jegliche Welt, in der wir uns befinden, durch unsere Vorstellungen geschaffen wurde. Zuerst sehen wir diese als das an, was sie sind, und dann erkennen wir, in einem sehr tiefgründigen Sinn, was jenseits davon passiert. Wenn du beginnst die Natur der Wirklichkeit klar zu erkennen, geschieht etwas, das jenseits der sogenannten »objektiven« Erfahrung liegt.

Im Buddhismus geht es um Realisierung, die Phantasiewelten überschreitet

Es ist ein »Sehen« oder Verstehen, das über bloße Vorstellungen hinausgeht. Die sogenannten »objektiven« Erfahrungen von Offenheit, Klarheit und Feinfühligkeit werden als wirkliche Ausdrucksformen der uns innewohnenden Natur verstanden. Dies unterscheidet sich erheblich davon, sie lediglich als »objektive« Zustände zu erfahren, die einem zustoßen.

Im Falle einer echten Realisierung erkennt man, daß diese Qualitäten das sind, was man jenseits jeden begrifflichen Verständnisses eigentlich ist. Das ist recht verschieden von einem *Nyam*, bei dem man in einer subtilen Weise die Erfahrung in Worte faßt und sie zu einer emotional befriedigenden, ganz wunderbaren »objektiven« Erfahrung macht.

Der wichtige Unterschied zwischen Nyam und Realisierung

Es ist sehr wichtig zu erkennen, daß die drei Qualitäten an sich weder Gedanken noch Begriffe sind, aber daß die *Nyams* fast so etwas wie Gedanken sind, in dem Sinne, daß sie eine gewisse begriffliche Findigkeit mit sich bringen. Das *Nyam* selbst ist von der entsprechenden grundlegenden Qualität abgeleitet, aber diese grundlegende Qualität selbst hat nichts mit Gedanken zu tun.

Die direkte Erkenntnis der Natur des Geistes

Wenn du wirklich und unmittelbar erkennst, siehst du plötzlich, daß es niemals irgendwelche Wolken gegeben hat. Dann hat in der Art und Weise, in der du die Dinge erlebst, nicht etwa eine quantitative, sondern eine qualitative Veränderung stattgefunden. Es handelt sich nicht einfach um vermehrte Subtilität; vielmehr gibt es plötzlich einen Wandel in der Art, wie das Gesamte wahrgenommen wird. Das ist wirkliche Erkenntnis – wenn sie vollkommen ist, wird sie Erleuchtung oder Erwachen genannt.

Direkte Erkenntnis ist eine qualitative Veränderung – es hat niemals Wolken gegeben

Stell dir vor, du siehst dir einen Film an, der dich völlig fesselt. Stell dir vor, der Film enthält nicht nur Sichtbares und Hörbares, sondern beansprucht alle deine Sinne – Körperempfindungen, Geruch, Geschmack, Berührung, Geist, Erinnerung – alles. Du versinkst allmählich ganz und gar in diesen Film, diskutierst vielleicht mit dir selbst über das Geschehen oder willst, daß bestimmte Dinge passieren. Dann erkennst du plötzlich, daß es nur ein Film ist. Tatsächlich bist du die ganze Zeit über von einer ganz anderen Wirklichkeit umgeben. Der Film war nichts Reales, und es gibt diese wunderbare Welt um dich herum, die so viel besser als der Film ist. Erleuchtung ist wie das »Herauskommen« aus dem Film – oder, um ein traditionelleres Bild zu gebrauchen, wie das Aufwachen aus einem Traum.

Erleuchtung ist wie das Erwachen aus einem Traum

Wir werden später sehen, daß wir bei der Meditation den Rhythmus des Ausatems als eine Art Stütze verwenden können. Dabei ist es wichtig zu wissen, daß man sich letztlich nicht besonders auf den Atem konzentrieren muß, weil man sehr wirklich und direkt

Der Geist ist endlos

erfährt, daß der Geist endlos ist. »Geist« ist hier zu verstehen als die Gesamtheit der eigenen Erfahrung oder des eigenen Wesens. Letztendlich hat die Qualität der Bewußtheit keine Grenzen, gleichgültig, wessen du dir bewußt bist. Du kannst tatsächlich in dieser unendlichen Qualität als einer einzigen Erfahrung verweilen.

Kein Inhalt des Geistes

Nochmals muß hier betont werden, daß, wenn der Geist als endlos beschrieben wird, als mit Wohlbefinden verbunden usw., wir nicht von einem Inhalt des Geistes sprechen. Es scheint vielleicht so, weil die Schwierigkeit besteht, dies sprachlich auszudrücken. Aber wenn wir von »Bewußtheit an sich« oder »Geist an sich« sprechen, meinen wir nicht ein bestimmtes Bewußtsein oder eine bestimmte Aufmerksamkeit. Endlosigkeit bedeutet einfach, daß keinerlei Grenzen, welche auch immer, vorhanden sind. Es gibt keine Bezugspunkte, durch die man sie als etwas definieren könnte. Ihre Qualität ist überall.

Endlosigkeit ist ausgedehnter als Raum

Sie kann noch nicht einmal als Raum beschrieben werden, weil sie unermeßlicher ist. Unsere begrenzte Raum-Vorstellung kommt von einer geringen Bewußtheit dieser endlosen Qualität. Das Problem, das Wort »endlos« zu gebrauchen, liegt darin, daß es sehr an unsere gewöhnliche Vorstellung von Raum erinnert.

Begrenztheit der Sprache

Leider können wir dagegen nicht viel tun, weil wir im Moment alles in einer sehr begrenzten Weise erleben und alle unsere Wörter übliche Vorstellungen und Erfahrungen bezeichnen. Wenn wir unsere Erfahrung der Dinge ausweiten oder ausdehnen wollen, sind die einzigen sprachlichen Mittel, die wir zur Verfügung haben, unsere gewöhnlichen Wörter, mit all ihren begrenzenden und unvollkommenen Nebentönen. So befindet man sich in der Klemme, Wörter in einer etwas unsicheren Weise verwenden zu müssen.

Wir gebrauchen z. B. die Begriffe »Großzügigkeit« oder »Schönheit« meist in einem recht weltlichen Sinn. Wenn wir jedoch eine inspirierende Bedeutung von Großzügigkeit oder Schönheit zum Ausdruck bringen wollen, haben wir dafür keine angemessenen Worte und sind daher gezwungen, wiederum die gleichen Ausdrücke zu verwenden. Wir müssen also ein gewöhnliches Wort auswählen, das am ehesten dieser inspirierenden Qualität entspricht. Welche Begriffe gibt es denn für Großzügigkeit oder Schönheit, die von den groben Beschränkungen unserer gewöhnlichen Erfahrung dieser Qualitäten frei sind?

Der Mahayana-Buddhismus versucht Sprache so zu verwenden, daß eine Art von Inspiration übermittelt wird, aber keine Sprache kann diesbezüglich völlig zufriedenstellend sein. Wir gebrauchen Begriffe wie Offenheit, Klarheit und Feinfühligkeit, Raumhaftigkeit, Bewußtheit und Wohlbefinden, aber sie entsprechen letztendlich nicht dem, was tatsächlich gemeint ist. Solche Wörter sind einfach nur gehaltvoll. Sie genügen in etwa den Ansprüchen, subtile begriffliche Entsprechungen zu sein, die als Hinweise, Auslöser oder als Fingerzeige fungieren.

So möchte ich hier noch einmal betonen, daß in diesem Zusammenhang Wohlsein nicht in dem gewöhnlichen Sinn zu verstehen ist, daß man sich einfach auf beschränkte und unvollständige Weise gut fühlt. Trotzdem hat dieses begrenzte Wohlbefinden, das wir alle erleben, einen Bezug zur grundlegenden Natur aller Dinge, zu diesem »Wohlsein«, das letztendlich nicht in gut, schlecht oder irgend etwas anderes unterschieden werden kann und wofür wir eigentlich keine Wörter haben. Um das Feld der Erfahrung, das wir meinen, in etwa anzudeuten, wählen wir die ihm verwandteste Erfahrung, die wir haben und die eine Ver-

Wohlsein ist mehr als sich gut fühlen

bindung herstellt, und verwenden das naheliegendste Wort.

Nichts tun müssen

In gleicher Weise gibt es, wenn wir die direkte oder wirkliche Erkenntnis der Natur des Geistes erfahren, schließlich ein überwältigendes Gefühl von etwas, das man fast »Befriedigung« nennen könnte. Trungpa Rinpoche sagte immer: »Es ist wunderbar zu wissen, daß man überhaupt nichts tun muß.« Dies entspricht der Erkenntnis, daß es niemals etwas gab, das getan werden mußte, um die Dinge richtigzustellen. Es hat niemals etwas zu korrigieren gegeben.

Teil II

Grundlegende Meditationstechnik

Körperhaltung

Obwohl empfohlen wird, mit gekreuzten Beinen auf einem Kissen zu sitzen oder auf einem Meditationsbänkchen zu knien, kannst du genausogut auf einem Stuhl sitzen. Wichtig ist, darauf zu achten, daß du eine bequeme, wache und entspannte Haltung einnimmst.

Dein Rücken muß gerade sein, damit du wach bist, aber wenn du dich in eine stocksteife Position hochstreckst, wirst du Anspannung erzeugen. Tu das nicht. Wenn du andererseits in dich zusammensackst oder deinen Kopf nach vorne fallen läßt, wirst du dumpf und schläfrig werden. Das ist auch nicht gut. Wenn du auf dem Rand eines hohen Kissens sitzt und dein Gewicht nach vorne auf die Knie drückt, strengst du deine Beine und deinen Rücken zu sehr an. Wenn du dich dagegen beim Sitzen nach hinten lehnst, bist du aus dem Gleichgewicht, was auch wieder zu Anstrengung führen wird.

Dein Gewicht sollte von der Spitze des Kopfes wie ein Lot durch den Nabel bis hinein ins Kissen fallen. Der übrige Körper entspannt sich um diese zentrale Achse herum. Die Wirbelsäule sollte sich wie aus einem Stück anfühlen, wobei jeder Wirbel sanft auf dem nächsten ruht, wie eine locker aufgefädelte Perlenkette. Der Kopf ruht leicht obenauf, so als würde das Kinn auf der Oberfläche des Ozeans treiben. Der Brustkorb fühlt sich frei an, weder nach außen gedrückt, noch nach innen gebogen.

Wähle ein Kissen, ein Bänkchen oder einen Stuhl in einer Höhe und Form, die für dich passend sind.

Mache keine Verrenkungen, um in der Lotos- oder Halblotos-Position zu sitzen. Aber vielleicht entdeckst du, daß, wenn du allmählich in dieser Position gut und entspannt sitzen kannst, sie die bequemste und stabilste Haltung für lange Meditationszeiten ist.

Die Schultern sollten entspannt sein. Wenn du sie zu stark nach hinten ziehst, verursachst du Spannung, aber wenn du sie nach vorne hängen läßt, kann sich dein Brustkorb nur schwer ausdehnen. Vielleicht ist die Vorstellung hilfreich, daß sich der Körper von der inneren Brustkorbmitte aus entspannt und sich von diesem Punkt aus nach außen hin kugelförmig ausdehnt.

Die Hände sollten bequem auf den Oberschenkeln ruhen, so daß deine Schultern sich entspannen können.

Die Augen sollten weder geschlossen noch ganz offen sein. Schaue in einem natürlichen Winkel von etwa 45 Grad nach unten. Auf diese Weise hältst du eine gewisse Art von Verbindung zu deiner Umgebung aufrecht, ohne von ihr abgelenkt zu werden. Wenn du die Augen schließt, neigst du dazu, dich zu sehr nach innen zu richten, so daß dies fast zu einer Art Flucht vor der Welt werden könnte. Obwohl es wichtig ist, in sich selbst zentriert zu sein, ist es auch nötig, die Verbindung mit der Welt aufrechtzuerhalten. Die Augen geöffnet zu halten sollte genausowenig ein Problem sein, wie es bei den Ohren der Fall ist, die man ja auch nicht einfach verschließen kann.

Um es zusammenzufassen: Was immer du machst, sorge auf jeden Fall dafür, jede Haltung zu vermeiden, die dich anspannt oder einengt, aber auch jede, die dich dumpf und schläfrig macht.

Was zu vermeiden ist

Einige Anfänger haben gehört, daß es gut sei, in der Lotos- oder Halblotos-Position zu sitzen. Sie meinen daher, um alles richtig zu machen, sollten sie sich in diese Position zwingen. Anzeichen für zu viel Zwang sind ein Nach-vorne-Rutschen (des Körpers) und zu viel Gewicht auf den Knien. Manchmal meinen Anfänger, wenn sie sich mit einer bequemeren Haltung begnügten, gingen sie zu »sanft« mit sich um. Es ist wichtig zu betonen, daß Meditation kein Durchhaltetest ist. Im Osten, wo die Menschen von klein auf mit gekreuzten Beinen sitzen, ist diese Position selbstverständlich und bequem – eben aus diesem Grund wird sie empfohlen.

Die Symbolik der Meditationshaltung

Die drei Qualitäten werden durch die Haltung, die wir bei der Meditation einnehmen, symbolisch ausgedrückt. Wenn du mit gekreuzten Beinen und offenen Augen dasitzt und deine Arme ausgestreckt sind, dann ist nichts vor dir, kein Schutz. Dies drückt Offenheit aus. Man fühlt sich mit der Umgebung und dem Raum vereint – das Gegenteil von Abgeschlossenheit. Die Hände sind nicht vor dem Körper verschränkt, was einen Versuch symbolisieren könnte, sich verteidigen oder schützen zu wollen. Sie außen und offen auf den Knien zu halten drückt Raumhaftigkeit aus.

Zwar ist der äußere Raum nur ein Symbol des Geist-Raumes der Offenheit selbst, doch steht der körperliche Raum auf einer tiefgründigen Ebene mit der offenen und der raumhaften Natur unseres Seins in Verbindung.

Alle körperlichen Attribute des Buddha sind auch symbolisch zu sehen. Feinfühligkeit und Zuwendungsbereitschaft werden durch unser Empfinden ausgedrückt, fest mit der Erde verbunden zu sein.

Diese Symbolik findet man in den Darstellungen des Buddha, in denen er eine Hand auf seinem Knie hält und die Finger ausstreckt, um die Erde zu berühren. Diese Geste (*mudra*) der Erdberührung veranschaulicht, wie er unmittelbar vor seiner Erleuchtung die Erde als Zeugin anrief. Es war eine Proklamation seines Rechts, da zu sein und durch den Prozeß des Erwachens zu gehen. Er tat es nicht nur zu seinem eigenen Nutzen, sondern zum Wohl aller Lebewesen. Mit dieser Demonstration rief der Buddha die Erde an, all die guten Taten zu bezeugen, die er in seinen früheren Lebenszeiten ausgeführt hatte, um zu diesem Punkt der Erleuchtung zu gelangen. Daraufhin zogen sich die üblen Mächte zurück. Dem liegt auch die Vorstellung zugrunde, daß die Mächte des Bösen nicht wollten, daß der Buddha erleuchtet werde, da er damit ihre Macht zerstören würde. Deshalb stellten sie sein Recht, ein Erleuchteter zu werden, in Frage.

Wir alle haben diese Kräfte in uns, welche die Gegenwart unserer grundlegenden Qualitäten der Offenheit, Klarheit und Feinfühligkeit zu leugnen suchen. Diese Kräfte können auch von außerhalb kommen, so daß sich die inneren und äußeren Kräfte vereinigen und uns in Form von Dämonen erscheinen. Diese negativen Kräfte wollen nicht nur leugnen, daß wir die drei Qualitäten haben, sondern auch, daß wir uns jemals damit verbinden oder sie realisieren könnten. Vielleicht legen sie uns nahe, daß wir noch nicht einmal das *Recht* zu dem Versuch hätten, sie zu realisieren. All dies steht in Zusammenhang mit unserem Gefühl von persönlicher Wertlosigkeit und unserem Selbsthaß.

Indem wir unsere Arme nach unten ausgestreckt halten und stabil sitzen, mit einem starken Gefühl der Verbindung mit dem Boden, rufen wir die Erde als

Zeugin für unser Recht an, hier zu sein und erleuchtet zu werden. Wir können darauf vertrauen, daß wir in der Vergangenheit geschickt gehandelt haben; sonst hätten wir uns nicht dazu entschieden, jetzt hier zu sein und zu versuchen, Erleuchtung zu erlangen. Die Tatsache, daß wir hier sind und diese Wahl treffen, beweist unser Recht, da zu sein. Das ist wichtig. Ohne diese Art von Vertrauen in unser natürliches Verbundensein können wir uns nicht in die Meditation hinein öffnen.

Longchenpa und andere tibetische Meister werden auf Gemälden oft mit zwei nach vorne gestreckten Händen dargestellt, was dann wie eine doppelte Erdberührungsgeste (*mudra*) aussieht. Diese *Mudra* wird »Entspannungs*mudra*« genannt. Man könnte sie sogar als »Ferien-« oder »Pausemachen-*Mudra*« (*ngälso tschagtscha*) bezeichnen. Sie drückt die Empfindung aus, sich in der eigenen Welt und in dem Raum, in dem man sich befindet, vollkommen zu Hause zu fühlen. Dies vermittelt ein enormes Gefühl von Geerdet- und Gegenwärtigsein. So zu sitzen ist ein positiver Schritt in die richtige Richtung. Man richtet sich auf Vertrauen aus, ohne Absicherung, wach und aufrecht. Damit ist die Bühne für die Meditation bereitet.

Für sich allein gesehen, mag dies als Kleinigkeit erscheinen, aber kleine Dinge bauen sich zu großen auf. Die Körperhaltung, die wir einnehmen, beeinflußt unseren Geist. Eine nicht-verteidigende Haltung hat tatsächlich eine öffnende Wirkung auf unseren Geist. Die offene, raumhafte Qualität unseres Wesens drückt sich körperlich, geistig und emotional aus. Sich auf geistiger oder emotionaler Ebene zu verschließen hat eine Wirkung auf unsere Körperhaltung und umgekehrt. Aber nicht nur das, in einem tiefen

Sinn hat der Körper eine direkte Verbindung zur wahren Natur unseres Geistes oder unseres Seins.

Die Natur des Geistes ist stabil wie die Erde. Nie macht sie sich irgendwohin davon oder verwandelt sich in irgend etwas anderes. Sie bleibt immer, wie sie ist. Das heißt nicht, daß sie etwas ist, auf das man sich fixieren oder das man als eine Art Ganzheit erkennen könnte – sie ist einfach eine Qualität von Stärke. Sie hat die Fähigkeit, mit allem, was auftaucht, zurechtzukommen – nicht im Sinne von Manipulation, sondern in dem Sinne, daß sie fähig ist, alles bequem unterzubringen, wie die Elemente Raum und Erde.[3]

Klarheit und Bewußtheit werden durch die Art ausgedrückt, wie wir aufrecht sitzen, in den Raum hinausblicken und wirklich wünschen, ein Teil davon zu sein. Das Gegenteil wäre eine Sitzhaltung, bei der man in sich zusammensackt. Das würde den Wunsch ausdrücken, sich abzuschotten und einzuschlafen – so als hätte man ein schweres Gewicht auf den Schultern. Weit davon entfernt, wach zu sein und dem Leben ins Auge zu blicken, findet sich hier ein Impuls, vor dem Leben zurückzuschrecken. Die Botschaft, die hierdurch signalisiert wird, ist eine Art Bedrückung oder sogar Depression. So beeinflußt die Meditationshaltung nicht nur die Stimmung sich selbst gegenüber, sondern das ganze Lebensgefühl sowohl in als auch außerhalb der Meditationsphase. Eine gute Haltung vermittelt ein Gefühl von Offenheit und Leichtigkeit in bezug auf alle Dinge.

Die aufrechte Haltung drückt ruhige Wachheit aus – die Qualität, für alles bereit zu sein, aber nicht in dem

---

[3] In der buddhistischen Vorstellung gibt es fünf Elemente – die gewöhnlichen vier, also Erde, Wasser, Feuer, Luft, und dann als fünftes, den Raum.

Sinne, sich nervös zu fühlen. Stell dir vor, du bist allein in einem Raum und nimmst plötzlich eine leichte Bewegung wahr, die du aber nicht einordnen kannst. Du bist nicht so beunruhigt, daß du aufstehst und etwas unternimmst, aber du bist neugierig. Du möchtest gerne wissen, was es war. Überlege, was du mit deinem Körper machst. Du bemerkst, daß sich dein Körper automatisch aufrichtet. Wenn du, ohne nervös zu sein, wirklich wissen willst, was es mit dem Geräusch auf sich hat, schaust du nicht in einer zusammengesackten Haltung im Zimmer umher, sondern richtest dich unwillkürlich auf, wach – mit angespannten Sinnen.

Obwohl der Geist an erster Stelle steht, ist der Körper wichtig, weil der Geist dazu neigt, dessen Führung zu folgen. Deshalb wird so viel Wert auf die Körperhaltung gelegt. Wenn du jedoch ein echtes körperliches Problem bekommst, das mit der Sitzhaltung verbunden ist, dann verändere die Position. Sollten sich z. B. deine Beine unbequem fühlen, bewege sie und bringe sie dann wieder in die Meditationsstellung. Erinnere dich: Meditation ist kein Durchhaltetest. Es kann passieren, daß du deinen Beinen Schaden zufügst, wenn du es nicht gewohnt bist, lange Zeitspannen mit gekreuzten Beinen zu sitzen. Aber wenn du dich bewegst, halte die Achtsamkeit aufrecht – bemerke die Empfindung in den Beinen, den Drang, dich bewegen zu wollen, die Bewegung selbst und dann das Gefühl, wieder bequem zu sitzen –, und versuche dabei dieses Gefühl von Raum und Offenheit nicht zu verlieren. Du wirst bemerken, daß ein Befolgen der Anleitung, die Achtsamkeit auch bei der Bewegung aufrechtzuerhalten, dazu führt, daß du dich von selbst weniger bewegst. Herumzappeln rührt aus einem Verlust an Bewußtheit her, so daß sowohl Geist als auch Körper ruhelos werden.

Bewege dich, wenn du Anstrengung oder Schmerz fühlst

Der Atem

Der Rhythmus des Atems

In einem tiefgründigen Sinn ist der Atem mit Sprache und Kommunikation verbunden. Gemeinsam ist ihnen, daß sie mit Bewegung und Energieaustausch zu tun haben. Bei allen kräuseln sich kleine Wellen von einem Mittelpunkt aus nach außen, lösen sich auf und tauchen bei diesem Punkt wieder auf – eine Bewegung nach außen, ein Auflösen und wiederum eine Auswärtsbewegung, die das Zentrum mit dem Rand verbindet. Der hauptsächliche Fokus dieser speziellen Meditationstechnik ist Raum und die Bewußtheit, die sich in diesen Raum hinein ausdehnt, sich auflöst und wieder aus dem Raum heraus auftaucht. Daß sich der Atem als Fokus für eine solche Praxis besonders eignet, leuchtet wegen der natürlichen Verbindung zwischen Ausatmung, Raum und Bewußtheit sofort ein.

Oft wird das Ausrichten auf den Atem als problematisch empfunden. Viele Leute können nicht mit dem Versuch aufhören, sich zu stark auf den Atem zu konzentrieren. Ihn zu ignorieren, scheint sogar zum Problem zu werden. Deshalb sollte der Sinn für Wohlgefühl betont werden, das Sich-Öffnen für alle auftauchenden Erfahrungen; man sollte ihnen Raum geben, sie geschehen lassen, und man sollte in diesem Gefühl von Wohlsein und Raum ruhen, das mit dem Lebendigsein einhergeht. In der Zwischenzeit läuft der Atem ganz natürlich weiter und bildet eine Art Rythmus-Hintergrund. Das heißt, daß du nicht wirklich auf den Atem selbst meditierst, sondern auf den Rhythmus. Die Ausatmung bewegt sich nach außen in den Raum hinein, du gibst dich einfach dieser Empfindung hin und läßt dich körperlich und geistig dahinein entspannen. Wenn der Geist in dieser Weise natürlich ruht, dann laß noch mehr los, indem du wieder deinen Ausatem benutzt, falls das hilft. Falls es dir nicht hilft, fahre einfach fort, dich so natürlich wie möglich auf den Raum zu beziehen. Wenn du meinst, du brauchst mehr Hilfe, dann kehre zur Ausatmung zurück, und wiederhole die Anweisung: »Laß in den Raum hinein los«, bis sich allmählich ein natürliches Gespür für Raum und Bewußtheit einstellt.

Du solltest nicht versuchen, die ganze Zeit über eine geschärfte Konzentration aufrechtzuerhalten oder die ganze Zeit über zu entspannen, sondern sanft zwischen beiden abwechseln: einem scharfen Fokus, einer ausgedehnten Bewußtheit, einem scharfen Fokus usw. – in einer ruhigen, natürlich rhythmischen Weise. So verwendest du den Atem als Fahrzeug für ein Ausdehnen in die Raumhaftigkeit, Endlosigkeit, Weite oder Offenheit (welches Wort dir auch immer gefällt). Die Ausatmung ist mit Bewegung verbunden, dann folgt ein ruhiges, entspanntes Schmelzen in den Raum hinein. Was immer aus diesem Raum hervorkommt, schmilzt wieder dort hinein. Das ist natürlich und rhythmisch.

Die Entspannung in den Raum hinein wird von der Qualität des Wohlseins begleitet. Dieses Wohlgefühl bleibt die ganze Zeit über. Das Loslassen in den Ausatem hinein steht eng mit der Entwicklung von Vertrauen in diese Tatsache in Verbindung. Es ist eine Art von Furchtlosigkeit. Dann spürt man einfach nur Wohlgefühl und Raum – eine unverworrene geistige Umgebung.

Wenn du zu intensiv versuchst, Raum zu schaffen, führt das zum Gegenteil von Raumhaftigkeit. Es könnte leicht die Besorgnis aufkommen, den Raum hervorbringen zu müssen. Deshalb ist es gut, den Geist auf dem Atemrythmus ruhen zu lassen und allmählich auf natürliche Weise in den Raum hinein loszulassen.

Diese spezielle Praxis bedeutet nicht, sich dem Atem analytisch zu nähern. Versuche nicht, genau herauszufinden, was der Ausatem ist oder wo er ist und wie er aussieht usw. Es geht darum, die Dinge sehr einfach und entspannt zu halten. Verwickle dich nicht in irgendeine begriffliche Untersuchung, mach keine große Sache daraus. Behandle es leicht und unkompliziert. Du läßt einfach etwas los, was du festgehalten hast. Das ist alles. Es gibt weder ein Gefühl von Grenzen, noch sollst du versuchen, mit dem grenzenlosen Raum zu verschmelzen. Es ist eher so, daß du Raum und Offenheit einfach dasein läßt. Sie sind schon in dir vorhanden – du läßt einfach nur deinen Geist darin ruhen.

Zu vermeidende Punkte

Die meisten Probleme bei dieser Technik entstehen aus dem Versuch, sie komplizierter zu machen, als sie ist. Sie ist keine speziell yogische Atem-Übung. Folge dem natürlichen Muster deines Atems – versuche nicht, ihn in irgendeiner Weise zu ändern.

Am Anfang neigt man leicht dazu, die Ausatmung zu verlängern, um mehr Zeit dafür zu haben, sich auf sie zu konzentrieren. Das ist ein Fehler. Anzeichen für diese Tendenz sind, daß du außer Atem gerätst oder eine gewisse Anstrengung beim Atmen verspürst. Wenn dies geschieht, dann sage dir einfach nur, daß du mit dem Meditieren aufhörst, aber stehe weder auf, noch verändere deine Position. Vermutlich wird das Gefühl von Anstrengung dann verschwinden.

Es kann durchaus passieren, daß das Problem sofort zurückkehrt, sobald du wieder »versuchst« zu meditieren, nur um sofort wieder zu verschwinden, sobald du mit diesem Versuch »aufhörst«. Dies wird bei dir vielleicht eine gewisse Selbstironie hervorlocken – du mußt über dich selbst lachen. Der Geist ist in seiner Art ja sehr leichtgläubig und dumm, und es ist wichtig, die ganze Sache nicht zu ernst zu nehmen. Im Laufe der Zeit wirst du eine Menge Einsicht aus der Erfahrung gewinnen, wie sehr der Geist schon von kleinsten Veränderungen in deinem Denken beeinflußt wird.

Die abwechselnde Ein- und Ausatmung ist dem Prozeß von *Shamata* und *Vipashyana* gleichzusetzen. *Shamata* bedeutet »ruhiges Verweilen« und *Vipashyana* »durchdringende Einsicht« oder »Bewußtheit«. Die Schärfe der stark konzentrierten Bewußtheit (*Vipashyana*) breitet sich in die Ruhe und Raumhaftigkeit des verweilenden Geistes (*Shamata*) aus und löst sich in diesen Raum hinein auf, nur um als ein weiterer Punkt der scharfen Bewußtheit wiederzuerscheinen, der sich erneut ausbreitet und auflöst. Es ist ein natürlicher rhythmischer Prozeß. Wenn du versuchst, zu scharf und zu schnell zu fokussieren, beginnen die kleinen Wellen sich voneinander abzustoßen und schaffen dann den Eindruck von Verwirrung. Sobald du die Verwirrung sich in den Raum hinein auflösen läßt, kehren Bewußtheit und Klarheit zurück und beginnen sich wieder in den Raum hinein auszubreiten.

Ruhiges Verweilen (Shamata) und klare Einsicht (Vipashyana)

Es besteht keine Notwendigkeit zu versuchen, irgend etwas anzuhalten oder den Geist zu zwingen, friedlich zu sein. Wenn du den Geist in Ruhe läßt, breitet sich der scharfe Fokus des Denkprozesses oder der Emotionen in den Raum hinein aus, und der Geist beginnt, sich friedlich, raumhaft, anpassungsfähig und transparent zu fühlen. Wenn du dagegen immer weiter versuchst, den Geist zu manipulieren, um ihn friedlicher zu machen, dann prallen die kleinen Wellen immer mehr aufeinander und du merkst, daß du von endlosen Gedanken und Gefühlen schonungslos herumgestoßen wirst. Du fühlst dich von deinen Gedanken und Gefühlen eingeengt, so daß du kaum noch atmen kannst. Du meinst, es nicht mehr aushalten zu können, es ist alles zu viel, zu fest und zu real.

Ebbe und Flut der Praxis zeigen sich, wenn sich das Gefühl der Bewegung des Ausatmens oder der Einsicht in den Raum mit dem Eindruck des Friedens zwischen den Ausatemzügen abwechselt. Dieses Gefühl von Ruhe und Raumhaftigkeit ist *Shamata*.

Immer wieder zum Rhythmus des Ausatmens zurückzukehren ist am Anfang und vielleicht noch für lange Zeit eine gute Übung. Wenn du bisher noch nie versucht hast, zu meditieren, brauchst du eine Art von Disziplin, um deinen Geist davon abzuhalten, einfach den gewohnten Pfaden zu folgen.

Nicht-Manipulation

Du brauchst kein Gefühl von Glück, Freude oder ähnlichem künstlich hervorzubringen oder zu verstärken. Das Wohlgefühl, von dem ich spreche, rührt nicht von etwas her, was du heraufbeschwören müßtest. Es ist einfach so, daß das bloße Ruhen in diesem Raumgefühl ein Wohlbefinden mit sich bringt.

Hinweise

Wenn du ausatmest, laß in eine Empfindung von Raum, Weite und Offenheit hinein los. Es ist, als ob du auf dem Gipfel eines Berges stehst, in die weite Ferne schaust und der Boden unter dir verschwindet. Ein erheiterndes Gefühl von Offenheit und Frische, anziehend, stärkend und lebendig, kommt auf. Das bedeutet allerdings nicht, daß du in der Meditation denken sollst: »Ich bin auf dem Gipfel eines Berges« oder etwas Ähnliches. Ich erwähne dieses Bild und andere nur, damit sie in dir vielleicht eine natürliche Antwort auslösen, wenn du sie liest und darüber nachdenkst. Das ist alles. Sie sind nur Hinweise oder Fingerzeige auf den »Geschmack« der Praxis. Es liegt an dir selbst zu entdecken, was genau damit gemeint ist.

Ein anderer Hinweis ist, sich das Gefühl von Erleichterung und Entspannung zu vergegenwärtigen, das nach einer Zeitspanne der Bedrücktheit folgt. In dem Augenblick, in dem du erkennst, daß die Last von dir genommen ist, rufst du »Ah!« Die Erleichterung und das Erstaunen geben dir ein Gefühl von Offenheit und Freiheit und vertreiben jegliches Gefühl von Bedrücktsein. Vielleicht hilft es dir, »Ah!« zu denken oder zu sagen, wenn du ausatmest und dich in die Meditation hinein entspannst.

Sich auf die Praxis verbindlich einlassen

Der Herzens-wunsch

Das »Ah« kommt aus dem Herzen. Endlich hast du deinen Herzenswunsch gefunden. Jetzt ist es nur noch eine Sache der Entwicklung von Vertrauen. Du hast Vertrauen und bist froh, die Praxis auszuführen, weil sie zur Entdeckung der Natur des Geistes führen wird, d. h. zu deinem Herzenswunsch.

Vertrauen

Letztendlich ist alles, was du brauchst, Vertrauen in die Natur des Geistes, in die Natur deines Wesens. Das ist das ganze Wohlsein, das du brauchst. Das einzige, was du lernen mußt, ist, einfach in diesem Raum zu ruhen – sonst nichts. Man könnte dieses Vertrauen »Beherztheit« nennen. Du läßt beherzt in dieses Raumgefühl los.

Vielleicht ist dir etwas bange; vielleicht meinst du, wenn du zu sehr losläßt, könnte etwas Schreckliches passieren. So magst du denken: »Ich lasse los, aber ich lasse lieber nicht zu sehr los.« Dieser Vorbehalt könnte dich lange verfolgen, aber im Laufe deiner Praxis lernst du, daß du es dir tatsächlich leisten kannst, ganz und gar loszulassen. Durch die Praxis entwickelt sich dein Vertrauen allmählich, so daß du erkennst, daß dein Zurückhalten und deine Vorbehalte aus einer falschen Sicht der Welt stammen. Wenn du zum natürlichen Raum und zur Klarheit deines Wesens erwachst, gewinnst du Vertrauen und kannst deine Ansicht eines Selbst loslassen sowie das Bedürfnis, alles kontrollieren zu müssen. Das fühlt sich richtig an, und der Geist ruht darin.

Wir können lernen, diesen andauernden Sinn für Probleme, für dieses: »Hier ist etwas falsch«, loszulassen.

Wir freuen uns neu daran, ein menschliches Wesen auf dem Pfad zum Erwachen zu sein. Es gibt überhaupt kein Problem.

Wir neigen sehr stark zu dem Gedanken, die bloße Tatsache, lebendig zu sein, sei schon ein Problem. Deshalb ist es gut für uns, eine absichtliche Bewegung in die Gegenrichtung zu machen. Wenn wir üben, sollten wir uns bewußt mit dem Gefühl der Herrlichkeit und des Wunders, wirklich lebendig zu sein, verbinden. Dies ist mit Wohlsein gemeint.

Wie lange soll man meditieren? Man beginnt am besten mit kurzen Zeitspannen der Meditation und dehnt diese dann auf eine halbe Stunde pro Tag oder mehr aus. Inmitten eines geschäftigen Lebens sind jedoch auch schon wenige Minuten stiller Kontemplation hilfreich. Wenn du dich wirklich tief auf die Praxis einlassen willst, solltest du mindestens eine halbe Stunde am Tag meditieren. Eine Stunde am Stück ist sogar noch besser.

Wie oft und wie lange soll man meditieren?

Wichtig ist auch, sich von Zeit zu Zeit nur für die Meditation zurückzuziehen. Normalerweise ist es den meisten Menschen ab und zu möglich, sich wenigstens für ein Wochenende, wenn nicht für eine Woche bis zu zehn Tagen zurückzuziehen. Ein ganzer Monat ist noch besser.

Wenn man mehr als eine Stunde meditiert, ist es gut, Phasen von zehn- bis zwanzigminütiger Gehmeditation einzuschieben. Gehmeditation ist nützlich, weil das ungewohnte lange Sitzen, vor allem bei gekreuzten Beinen, unbequem werden kann. Aber der Hauptgrund für die Zeit der Gehmeditation ist nicht nur, den Beinen eine Pause zu gönnen.

Gehmeditation

Während der Gehmeditation gehst du in einem natürlichen Tempo (übertriebene Langsamkeit, wie in einigen Meditationstraditionen üblich, ist nicht nötig), laß die Beachtung des Ausatmens weg, und verweile einfach in der Raumhaftigkeit panoramahafter Bewußtheit.

Die Idee ist, daß das Gehen zusätzliche Energie und eine Art von Bewußtheit schaffen kann. Die Sitzmeditation soll mit körperlicher Bewegung zusammenkommen, was hilft, die Meditation alltäglichen Situationen anzunähern – dem eigentlichen Ziel des ganzen Prozesses, beinhaltet doch unser verbindliches Einlassen auf die Praxis, die Erfahrung der Meditation in unseren Alltag hineinzutragen.

Gedanken und die Einsicht jenseits davon

Es ist nicht völlig falsch, sich zunächst anzustrengen, ein Gefühl von Raumhaftigkeit usw. zu schaffen. In diesem Stadium versuchst du eine Art von Wunschbild zu entwickeln, was anfangs ein wenig roh ist. Allmählich lernst du, in einer fließenden, natürlichen Weise zu praktizieren, und schließlich übernimmt die Praxis selbst das Ruder. Bevor das geschieht, ist es fast so, als manipuliertest du die Praxis, weil es notwendig ist, dem ganzen Prozeß eine Richtung zu geben. Später wird alles erfreulicher, da die Praxis von selbst fließt, als ob sie dich trüge, statt daß du sie vorantreiben müßtest.

Ein gewisses Maß an Anstrengung ist zu Anfang unvermeidlich

Bevor du dieses Stadium erreichst, ist es so, als müßtest du Zeit und Anstrengung aufbringen, um auf den Gipfel eines Berges zu gelangen und von dort aus die Aussicht zu genießen. Wenn du an diesen Punkt gelangst, fühlt es sich so an, als ob du einfach dort in der Landschaft seiest – ohne Anstrengung. Alles ist völlig natürlich. Du brauchst nicht zu dir selbst zu sagen: »Oh, ich muß dies als ein wirklich ausgedehntes Stück Landschaft sehen.« In gleicher Weise wird die Praxis schließlich ganz natürlich und hat ihre eigene Kraft.

Mit dem Ausatmen verbindest du dich mit dem aktiven Aspekt, d. h., du versuchst, dein Gefühl für Raum und weite Sicht zu erweitern; aber dies scheint sich immer nur bis zu einem bestimmten Punkt hin zu entwickeln. Stets gibt es den Eindruck einer Beschränkung oder einer Art von Grenze. Dann taucht plötzlich Einsicht (*vipashyana*) auf, und für einen Moment fallen alle Schranken weg, und die Vision ist unbe-

Vipashyana ist wahre Vision oder Einsicht in die Grenzenlosigkeit

grenzt. Dies entstand jedoch nicht aus einer Abfolge von Erfahrungen zunehmend unbegrenzter Visionen – also nicht aus etwas mehr und mehr Gleichem. Die Erfahrung, überhaupt keinerlei Begrenzung zu haben, ist ein Öffnen in eine völlig andere Dimension. Unbegrenztheit ist qualitativ verschieden von Begrenztheit. Wie allumfassend und weit der Raum innerhalb einer Begrenzung auch sein mag, selbst wenn er sich über Millionen von Kilometern hin erstreckt und sehr offen zu sein scheint, bleibt er dennoch immer innerhalb einer Grenze. Den Schritt über diese hinaus in die Grenzenlosigkeit zu machen ist eine Erfahrung der Einsicht oder wahren Vision. Sich dieser Einsicht in die Grenzenlosigkeit zu nähern geschieht dadurch, daß wir mehr und mehr in unser gegenwärtiges Raumgefühl hinein loslassen, auch wenn dieses künstlich und begrenzt ist.

Vipashyana heißt Konzepte durchschneiden

Bestimmte Gedanken oder Konzepte im Hintergrund schaffen und unterstützen unsere Vorstellungen von Vergangenheit, Gegenwart und Zukunft sowie von Raum oder Geist, in dem Gedanken entstehen, verweilen und vergehen. Aber schon allein das Denken in Begriffen von Zeit, Raum, Geist und Gedanken begrenzt uns.

Einsicht untergräbt all diese fundamentalen, festen Vorstellungen, die nach einer Weile alle fehlschlagen werden. Noch bevor wir sie völlig hinter uns gelassen haben, werden sie für uns weniger konkret und fest. Der Geist wird lockerer und transparenter, so daß man in einer schwer zu bestimmenden Weise merkt, daß man Fortschritte macht. Dies ist der Beginn der Einsicht, der Anfang von einem wirklichen Erleben der drei Qualitäten der Natur des Geistes. Die Entwicklung von Einsicht wird manchmal von den drei *Nyams* begleitet, aber man kann nicht voraussagen, wann und wie die *Nyams* auftauchen könnten. Das wichtigste ist das kontinuierliche Vertiefen der Einsicht oder Erkenntnis.

Die anfängliche Einsicht ist nicht mit der tatsächlichen Verwirklichung (*adhigama,* tib. *tokpa*) gleichzusetzen, welche das völlige Aufhören von begrifflichen Vorstellungen über Raum und Zeit usw. bedeutet. Du mußt weiterhin mit der Erfahrung von Einsicht arbeiten, und dadurch wird sie immer ausgedehnter. Du mußt noch für eine lange Zeit damit fortfahren, Einsicht zu gewinnen und größere Geistesstabilität zu entwickeln.

Vipashyana ist keine tatsächliche Verwirklichung

Zunächst machst du den Rahmen deiner begrifflichen Vorstellungen raumhafter und subtiler. Du schneidest ihn also nicht völlig durch. Du kannst gar nicht anders vorgehen. Zwar hast du gute meditative Erfahrungen (*nyams*), die mit dieser Raumhaftigkeit einhergehen, aber eigentlich ist es immer noch das alte Lied. Dann kommt plötzlich eine Erfahrung jenseits von allem bisher Erlebten. Du erlebst wirklich den Zusammenbruch deines gesamten begrifflichen Rahmens. Erst dann, wenn all diese Begrenzungen auseinanderfallen, kann etwas geschehen, das qualitativ anders ist. Aber auch dies wird zunächst nur eine Ausdehnung der *Vipashyana*-Erfahrung sein. Zu einer tatsächlichen Verwirklichung kommt es erst, wenn sich die Erfahrung stabilisiert hat.

Schon bevor sich die Einsicht zu entwickeln beginnt, fängst du an zu bemerken, wie geschäftig der Geist ist. Es ist wichtig zu erkennen, daß diese ganze Geschäftigkeit im Geist einfach nur der denkende Geist ist. Anfangs kannst du alles mit dem Etikett »Denken« versehen, sobald du es bemerkst. Nach einer Weile gewöhnst du dich an die Tatsache, daß dieses

Gedanken als »Denken« benennen

»Denken« immer weitergeht, endlos, und dann fängst du an, dich eher für diesen gesamten Prozeß zu interessieren als für den aktuellen Inhalt der verschiedenen aufkommenden Gedanken und Gefühle.

An diesem Punkt ist es nicht nötig, weiterhin alles als Denken zu benennen. Dein Geist ist bereits raumhafter und anpassungsfähiger, und du kannst es einfach nur zulassen, dir des rhythmischen Prozesses von Bewegung und Ruhe, konzentrierter Bewußtheit und Auflösung in den Raum hinein bewußter zu werden. Du wirst immer mehr bemerken, wie Klarheit, Raumhaftigkeit und Wohlbefinden jede Erfahrung begleiten. So brauchst du nicht zu versuchen, auf jedes Ausatmen zu fokussieren. Vielleicht findest du auch heraus, daß du dich überhaupt nicht auf das Ausatmen ausrichten mußt. Klarheit und Bewußtheit selbst können die Bewegung sein, die die Ruhe von *Shamata* ausbalanciert. Wichtig ist, daß überhaupt eine Art von Bewegung stattfindet. Ohne jegliche Bewegung stagniert der Geist bloß in Dumpfheit und Schläfrigkeit.

Schließlich lernst du, einfach jedes Gefühl von Grenze zwischen innen und außen, nah und fern usw. loszulassen.

Gedanken und Gefühle tauchen aus diesem Raum auf und sind dieser Raum

Wenn wir davon sprechen, daß Gedanken, Empfindungen oder Gefühle in diesem Raum von Bewußtheit und Feinfühligkeit auftauchen, so ist dies nur eine Redeweise. In Wirklichkeit sind sie tatsächlich dieser Raum. Gedanken und Empfindungen entstehen, erscheinen und lösen sich auf, und die Praxis besteht darin, sich einfach dieses Entstehens und Vergehens bewußt zu sein und sich auf die Tatsache zu beziehen, daß dies alles ein Ausdruck jener grundlegenden Qualitäten ist. Es gibt also keinen Grund, sich von irgend etwas, das man denkt oder erfährt, beunruhigen zu lassen. Sich daran zu erinnern ist auch für die Praxis im täglichen Leben nützlich. Hier muß man die Fähigkeit entwickeln, diese Qualitäten in den alltäglichen Erfahrungen zu erkennen.

Du solltest nicht nur die Gedanken und Gefühle bemerken, die in deinem Geist auftauchen, sondern auch deine Haltung dazu. Wenn du z. B. merkst, daß du denkst, Gedanken seien aufdringlich, so ist es nur wichtig zu erkennen, daß du dies gerade denkst. Du sollst auch nicht denken, sie seien nicht aufdringlich; du brauchst überhaupt keine Meinung über sie zu haben. Sei dir einfach bewußt, daß der Gedanke, sie seien aufdringlich, auch nur ein Gedanke ist.

Bemerke deine Haltung zu deinen Gedanken

Sobald du eine bestimmte Haltung einnimmst – wie zu meinen, Gedanken seien aufdringlich –, hörst du damit auf, diese Haltung als einen Gedanken zu behandeln. Statt dessen identifizierst du dich damit und gibst ihr einen besonderen, fast dauerhaften Status. Die Haltung wird dann nicht mehr als eine vorübergehende Erfahrung wie alle anderen betrachtet. Sie wird zu »ich« – sie wird eine Besonderheit. Weil du beschlossen hast, daß Gedanken aufdringlich sind, denkst du: »Ich will sie wirklich loswerden«, und hast nicht mehr das Vertrauen, alles auf natürliche Weise, ohne Probleme auftauchen und vergehen zu lassen. Von nun an wird es immer eine gewisse Besorgnis wegen der Anwesenheit von Gedanken geben. Richte deshalb deine Aufmerksamkeit auf dieses Gefühl von: »Ich will nicht, daß da irgendwelche Gedanken sind.« Erkenne, daß es nur eine Erfahrung wie jede andere ist. Wenn du eine solche Haltung einnimmst, wird es in der Meditation niemals eine Unterbrechung geben. Dein Geist wird immer stabiler und klarer, denn jedesmal, wenn etwas aufkommt, das wie eine Unterbre-

Identifiziere dich nicht mit deinen Haltungen und Meinungen

chung innerhalb der Meditation aussieht, wendest du dich diesem Gefühl der Unterbrechung oder Störung zu und behandelst es genau wie jeden anderen Gedanken.

Das dadurch gesteigerte Gefühl des Wohlseins ermöglicht ein intensiveres Feingefühl. Normalerweise identifizieren wir uns sehr stark mit unseren Haltungen und Meinungen und betrachten sie als zu kostbar, um sie zu kritisieren oder sie loszulassen. Wir finden immer gute Gründe dafür, warum wir so sind, wie wir sind – warum wir so starke Unterschiede machen zwischen dem, was wir mögen, und dem, war wir nicht mögen, was richtig und falsch, was gut und schlecht ist und anderes mehr. Aber wenn wir uns mit all dem identifizieren, bedeutet das, daß wir eine sehr eingeschränkte Vorstellung von uns selbst haben. Wir sind weit davon entfernt, das grundlegende Gefühl von Wohlbefinden zu erkennen, das unser Innerstes ist.

Dieses Wohlsein ist eine Art von Stärke, die es ermöglicht, daß die Dinge frei entstehen, verweilen und vergehen. Es ist eine viel bessere Art von Stärke als die Pseudostärke des Sich-Identifizierens mit verschiedenen wechselnden Geistesinhalten.

Gedanken sind kein Besitz

Du solltest dich zu Gedanken genauso verhalten wie zur Natur des Geistes und ihren drei grundlegenden Qualitäten – mit dem gleichen Gefühl dafür, sie nicht zu besitzen. Das einfache Kommen und Gehen von Gedanken ist eine natürliche Funktion des Geistes. Gedanken erscheinen in einer bestimmten Weise aufgrund von bedingenden Ursachen und verschwinden dann wieder, wenn die Bedingungen sich ändern. Sie sind Teil eines natürlichen Prozesses, genau wie das rhythmische Klarwerden und Wegsinken der Bewußtheit.

Der natürliche Rhythmus der Bewußtheit, sich auf etwas zu richten, wegzutreiben und in den Fokus zurückzukommen, ist ein Ausdruck des sogenannten *Evam*-Prinzips. Dies ist ein allgemeines Prinzip; es beschreibt, wie alles dem rhythmischen Prozeß folgt, aus einem bestimmten Punkt im Raum hervorzukommen, sich von diesem Punkt aus in diesen Raum hinein auszudehnen bzw. von diesem Punkt aus kleine Wellen in den Raum hinein zu schlagen und im Raum zu verschwinden. Dann taucht wieder etwas aus diesem Raum auf und so weiter. Mit anderen Worten: Alles hat einen Ursprungspunkt, eine entstehende Phase, eine verweilende Phase, eine sich ausdehnende bzw. auseinanderfallende Phase und ein Stadium des Verschwindens in den Raum hinein. Aus diesem Raum taucht in einem endlosen, rhythmischen Prozeß andauernd wieder etwas Neues auf.

Evam-Prinzip

Unser Atem folgt die ganze Zeit diesem Rhythmus. In der Meditationspraxis folgen wir der kleine Wellen schlagenden Bewegung des Atems in den Raum hinein. Ebbe und Flut unserer konzentrierten Aufmerksamkeit folgen dem gleichen Muster. Der Gedanke, der sich einschlich, als der Geist nicht in voller Schärfe aufmerksam war, konnte die raumhafte, offene Qualität des Geistes ausnutzen. Unser Bewußtsein von der Gegenwart eines Gedankens ist der sich allmählich verstärkende Klarheitsaspekt des Geistes. Die Klarheit kommt mit einem zugespitzten Bewußtsein hervor, das sich dann nach außen ausbreitet und dabei immer raumhafter und unbestimmter wird. Aus diesem Raum taucht der nächste Gedanke oder die nächste geschärfte Spitze des Bewußtseins auf. Sich Gedanken einzugestehen und sie loszulassen ist die spontane, feinfühlige oder zuwendende Qualität des Geistes. Die drei Qualitäten fließen in einem natürlichen Rhythmus in den Fokus hinein und aus diesem heraus. In der Meditation geht es um alle drei Qualitäten.

Wir neigen zu der Anschauung, daß wir kontrollieren könnten, was wir denken, aber in Wirklichkeit platzen Gedanken einfach in den Geist hinein. Wir meinen normalerweise auch, daß wir uns selbst dazu bringen könnten, uns zu konzentrieren, aber tatsächlich vertieft und konzentriert sich der Geist auf ganz natürliche Weise. Gedanken und Lücken zwischen Gedanken, gerichtete Aufmerksamkeit und Abschweifen sind natürliche Funktionen des Geistes. Wir sollten die Vorstellung aufgeben, irgend etwas manipulieren oder verändern zu wollen – in einem sehr tiefen Sinn gibt es nichts zu tun.

Vermeide zu angespannt zu werden

Wir neigen zu Gedanken wie: »Dies ist eine Ablenkung.« – »Dies ist keine Meditation.« – »Ich vergeude meine Zeit.« – »Ich mache es nicht richtig.« – oder ähnliches. Dabei nimmst du dir selbst gegenüber eine strenge Haltung ein und kommandierst dich zum Atem zurück, entschlossen, dir diesmal mehr Mühe zu geben – mit der Hoffnung auf größeren Erfolg. Das ist nicht erforderlich.

Vermeide zu locker zu werden

Die gegenteilige Tendenz ist, den Gewohnheitsmustern nachzugeben und dem natürlichen Fluß des Geistes zu folgen. Jedem anfänglichen Impuls folgt dann eine ganze Kette von Assoziationen wie: »Ich fühle mich schlecht ... Sicher fühle ich mich deshalb so, weil heute etwas Bestimmtes passiert ist.« – »Das hat mir gefallen, ich hoffe, es passiert noch einmal.« – »Ist das vorher schon mal vorgekommen?« – und so weiter. Du könntest Gedankengängen endlos nachgehen. Das ist ebenfalls nicht erforderlich.

Wende dich statt dessen dem Gefühl, dem Bild oder den Gedankengängen zu, wenn sie dir in deinem Denken als solche bewußt werden. Richte deine Aufmerksamkeit in einer sanften und akzeptierenden Weise darauf. Es ist so, als seiest du der Gastgeber und der Gedanke oder das Gefühl sei der Gast. Du machst einen Schritt nach vorne und begrüßt deine Gäste, erkennst ihre Gegenwart an, heißt sie willkommen, schätzt sie als das, was sie sind, und gehst dann höflich weiter. Du eilst nicht gleich zum nächsten weiter. Du gibst dem Gast ein Gefühl von Raum und Frieden – und wendest dann deine Aufmerksamkeit sanft dem nächsten Phänomen zu, das im Rahmen der Meditation selbstverständlich das Ausatmen ist.

Behandle Gedanken wie Gäste

Wenn du mit der Praxis beginnst, findest du sie vielleicht recht spannend – z. B. zu versuchen, dich mit dem Rhythmus des Atems und mit dem Raum zu verbinden. Das Ganze ist wie ein neues Spiel. Aber dann findet der Geist es langweilig und schweift zu etwas anderem ab. Es spielt jedoch keine Rolle, wie oft die Bewußtheit wegtreibt und zurückkehrt – wichtig ist zu bemerken, daß sie zurückkehrt und wie man reagiert, wenn sie es tut.

Langeweile

Behandle alles, zu dem der Geist hintreibt, als Teil der Meditation, egal, was es ist – ob es etwas ist, über das du dir Sorgen machst, oder etwas, über das du dich freust. Vielleicht sind es Gedanken darüber, wie lange die Meditationssitzung noch dauert, oder über ein Geräusch draußen – egal, was es ist, versuche nicht, es wegzuschieben. Alles wird Teil der Meditationspraxis. Nichts fällt heraus.

Schließe abschweifende Gedanken und Ablenkungen in die Meditation ein

Fast immer schweben irgendwelche herumirrenden Gedanken durch deinen Geist. Meistens kannst du sie einfach ignorieren und der Meditation erlauben, der vorherrschende Fokus zu sein. Das Problem entsteht, wenn der Geist sich ablenken läßt und sich in diese Gedanken hinein verliert, die nicht nur manchmal, sondern oft überhaupt nichts mit der Meditation selbst zu tun haben.

Wenn die herumirrenden Gedanken deine Aufmerksamkeit nicht von der Meditation ablenken, dann bemerke einfach, wie sie vor dem Hintergrund dieses Raums, der offen und in Ruhe ist, auftauchen. Obwohl Gedanken aus diesem Raum und in diesem Raum auftauchen, ist dieser Raum doch niemals davon verschieden oder getrennt.

Wenn ablenkende Gedanken deine Aufmerksamkeit für eine Weile auf sich gezogen haben, ist deine Bewußtheit in dieser Zeit abgesunken, und du kannst nichts tun. Sobald deine Bewußtheit sich wieder schärft, behandle alle Gedanken, die auftauchen, in der gleichen Weise wie herumirrende Gedanken.

Da den Gedanken gestattet wird, zu bleiben, werden sie allmählich transparenter und von selbst irgendwann verblassen. Du erlaubst einfach, daß das gesamte Panorama deiner Erfahrung, Gedanken, Wahrnehmungen und Gefühle im Raum auftaucht, da ist und sich dann wieder auflöst.

Große Störungen

Tritt eine massive Störung auf, von der du dich überwältigt fühlst, so kannst du denken, daß sie sich mit dem Ausatmen in den Raum hinein auflöst. Es ist wichtig, nicht zu denken, daß du irgend etwas besiegen müßtest. Du brauchst es nur sein zu lassen und loszulassen. Weil dein Geist wie Raum ist, gibt es keine Haken, woran sich etwas hängen könnte – so bewegt sich alles einfach frei durch den Raum.

Vielleicht hilft es, die Körperposititon zu beachten, wenn eine große Störung eintritt. Achte darauf, jede sich aufbauende körperliche Spannung loszulassen. Mit der Ausatmung loszulassen hilft dabei.

Wenn es sich um eine sehr starke Emotion handelt, könnte es helfen, sie als große Welle aufzufassen, die über dir zusammenschlägt. Du brauchst nur fest geerdet zu bleiben und die Welle über dich hinwegspülen zu lassen. Du bist nicht die Welle, du bist der Boden. Die Wellen kommen und gehen, aber du bleibst.

Erinnere dich an das Beispiel der Wolken am Himmel. Raum, Bewußtheit und Wohlbefinden sind wie der Himmel, und alles, was entsteht, sei es ein großer oder kleiner Gedanke, eine Wahrnehmung oder eine Emotion, ist lediglich eine Wolke. Wolken gehören dem Himmel nicht eigentlich an. Sie kommen und gehen, aber der Himmel bleibt. Wir machen den Fehler, uns weiterhin auf die Wolken auszurichten, als wären sie der Himmel. Wenn du die Bewußtheit über den Raum und über die Weite des Himmels nicht verlierst, kannst du die Qualität der Wolkenformationen wertschätzen. Wenn du dagegen nur an die Wolken denkst, können diese die Situation dunkel und furchteinflößend eng machen. Lerne also den Himmel wertzuschätzen, dann ist es im Grunde gleichgültig, ob Wolken da sind oder nicht.

Du magst dich niedersetzen, um für eine Stunde zu meditieren, aber nach etwa einer halben Stunde fällt dir ein zwingender Grund ein, warum du aufhören und etwas anderes tun solltest. Deshalb ist es wichtig, im voraus zu planen und dir eine realistische Zeitspanne vorzunehmen, die du einhalten kannst. Wenn dann solche Gefühle von Druck aufkommen, bemerke sie einfach nur.

Das herrische Urteil der leitenden Person

Wir sind vielleicht in der Lage, ohne große Probleme mit umherschweifenden oder ablenkenden Gedanken und Gefühlen umzugehen, die relativ oberflächlich sind. Auch wenn wir uns leicht irritiert oder verärgert fühlen, kommt es uns fast so vor, als ob wir dies beobachten und als Teil des Meditationsprozesses behandeln könnten. An einem bestimmten Punkt ist es jedoch so, als dringe jemand in die ganze Szene ein und übernehme plötzlich die Regie. Es fühlt sich beinahe so an, als würden Eltern in das Spiel ihrer Kinder eingreifen. Solche Aufdringlichkeiten sind schwer zu handhaben. Sie verändern plötzlich unsere gesamte Haltung zu allem.

Ich könnte z. B. plötzlich meinen, daß das, was ich da tue, Zeitverschwendung sei. Ich könnte mich der Praxis gegenüber so feindlich gesinnt fühlen, daß ich nicht in der Lage bin, dieses Gefühl nur zu beobachten. Tatsächlich stehen die Chancen recht schlecht, es einfach als Teil meiner Meditation zu betrachten. Obwohl ich mit der Absicht begonnen hatte, die Gleichheit aller verschiedenen Arten von Gedanken und Gefühlen zu sehen, die in der Meditation aufkommen, überzeugt mich plötzlich dieser bestimmte Gedanke davon, daß er etwas ganz und gar Besonderes ist und nicht auf diese Weise behandelt werden kann. Dann ist auf einmal mein Widerstand, meine Hochstimmung, meine Abneigung, meine Kreativität, meine Besorgnis oder was immer es sein mag, nicht mehr Teil der Meditation. Es ist für mich nicht länger etwas, mit dem ich in Beziehung trete oder mit dem ich fertig werden muß, denn es ist tatsächlich »ich«. Es ist das »Ich«, das sich sozusagen in den Kulissen verborgen hielt, den ganzen Prozeß beobachtete und jetzt beschlossen hat, genug sei genug.

Was ist passiert? Ich habe mich völlig mit diesem »Ich« identifiziert. Es wirkt als herrischer Beurteiler, der etwa verkündet: »Das ist nicht gut für mich.« – »Ich kann meine Zeit für wichtigere Dinge nutzen.« Oder: »Jetzt habe ich etwas Tolles erlebt – ich muß aufstehen und es aufschreiben.« Es sieht so aus, als wäre plötzlich eine dritte Person erschienen, die die gesamte Situation übernommen hat. Es handelt sich um die vernünftige, abgesonderte Person, die unser Schicksal kontrolliert und Entscheidungen für uns trifft. Sie ist es, die beschließt, ob wir mit der Meditation weitermachen oder nicht, ob wir Urlaub machen oder nicht oder welche Karriere wir einschlagen sollen. Es ist die Person, die sagt: »Oh, ich muß etwas gegen meine Wut tun – ich bin eine recht wütende Person.« Dies ist die überaus vernünftige Person, die sich von sich selbst abtrennt und mit sich über sich selbst redet.

Wir erkennen nicht, daß diese Person, die alles im Griff hat und unser Leben regelt, tatsächlich nur eine Ansammlung von Emotionen, Eindrücken, Gedanken usw. ist. Obwohl das beobachtende »Ich« anscheinend etwas anderes ist als das beobachtete »Ich«, besteht in Wirklichkeit kein Unterschied zu diesem, das aus all den Gedanken, Wahrnehmungen und Emotionen besteht, die im Geist auftauchen.

Wenn wir anfangen, dies zu erkennen, beginnen wir auch wertzuschätzen, daß der Hintergrund von Raum, Bewußtheit und Wohlbefinden wirklich etwas von diesem ganzen Prozeß Getrenntes ist. Er verändert sich nicht, während die Person, welche die Kontrolle auszuüben scheint, sich andauernd verändert. Deren Meinungen, Emotionen, Vorurteile und Vorstellungen verändern sich, aber trotzdem identifizieren wir uns damit. Wir denken, all dies bin »ich«, aber tatsächlich ist es nur etwas, was innerhalb dieses Raums, der Bewußtheit und der Feinfühligkeit entsteht. Es ist nur ein Merkmal davon. Die Person, die alles leitet, ist nichts Besonderes und ihre herrischen Urteile sind keinesfalls maßgebend.

Schuldgefühle

Es ist enorm wichtig, dies so zu erkennen, denn es ist die Aufsichtsperson mit ihren überheblichen Urteilen, die all unsere Schuldgefühle verewigt. Wenn wir uns schuldig fühlen, passieren zwei Dinge: Zuerst ergreifen wir Partei gegen uns selbst, und dann ergreift der Teil in uns, der sich kritisiert fühlt, Partei gegen andere. Also ist die Kehrseite eines Schuldgefühls das Gefühl, daß andere schlecht sind. Dies bringt uns dazu, sie anzugreifen – wenn nicht verbal oder körperlich, dann wenigstens in Gedanken.

Hier handelt es sich um ein im Westen sehr verbreitetes Problem. Es ist wichtig, diese Schuldgefühle zu bemerken – »Es ist alles meine Schuld.« – »Ich bin schlecht.« – »Ich muß mich tadeln.« – was sich dann fortsetzt in: »Es ist ihre Schuld.« – »Sie sind schlecht.« Tatsächlich sind diese dazukommenden Gedanken und Gefühle auch nur Gedanken und Gefühle. Sie sind nichts Besonderes. Problematisch wird es, wenn wir uns mit der vernünftigen Person an der Kommandostelle identifizieren, die diese Urteile fällt, als wisse sie wirklich, was Sache ist. Äußeren Anzeichen und Gefühlen zum Trotz ist diese Person nicht wirklich »ich« in irgendeinem tiefgründigen Sinn. Achte in der Meditation darauf, daß dieses herrische Urteil einfach als ein Phänomen oder eine Darbietung des Raums erscheint.

Eine nichturteilende Haltung entsteht aus Vertrauen

Hast du erst einmal ein starkes Selbstvertrauen entwickelt, d. h. ein sehr gutes Gefühl für jenen Raum, dann hast du kein Problem mit den Gedanken, die auftauchen und verschwinden. Es ist gleichgültig, welcher Art die Gedanken sind. Es spielt keine Rolle, ob sie sogenannte »böse« oder »gute« Gedanken sind. Sie sind in diesem Raum, und weil sie in diesem Raum sind, gibt es kein Problem. Es gibt nichts, dessen Anblick man nicht ertragen könnte.

Möglicherweise macht es dir Sorgen, daß du Gedanken hast und ob sie gut oder schlecht sind. Je mehr du dich aber in den Versuch verwickelst, sie zu beurteilen, desto größer machst du das Problem. Die Ironie liegt darin, daß du ein Problem schaffst, wo niemals eins war. Gedanken sind nur insofern mächtig, als du ihnen gegenüber eine urteilende Haltung einnimmst, z. B., wenn du immer wieder versuchst, sie wegzudrängen, oder ihnen stets erlaubst, dich zu verführen. Es ist in diesem Zusammenhang wichtig zu erkennen, daß, selbst wenn du denkst, Gedanken spielten keine Rolle, dies ein Urteil ist.

Wenn du ihnen dagegen gestattest, einfach gesehen zu werden, so daß sie in diesem Raum erscheinen und verschwinden, dann kommt es dir plötzlich wie der erste Tag deiner Ferien vor – als ob eine Last von dir genommen worden wäre und du über alle Zeit der Welt und den ganzen Raum verfügtest, um darin zu entspannen. Einfach durch eine Verschiebung des Fokus ist das, was zuvor ein Problem war, nun kein Problem mehr.

Wenn du die Bewußtheit von der uranfänglichen Qualität Raum und Offenheit verlierst, dann wirst du von weniger wichtigen Dingen wie bestimmten Gedanken, Emotionen, Sinneseindrücken, Vorstellungen, Vorurteilen etc. wie besessen. Diese kommen und gehen dauernd – sie haben keine Stabilität. Die drei untrennbaren Qualitäten dagegen haben Stabilität. Es ist die Art von Stabilität, die dir erlaubt, dich mit allem, was es gibt, in Beziehung zu setzen oder zu verbinden. Keine Herausforderung ist zu groß.

Die Probleme bleiben, aber deine Haltung dazu verändert sich

Niemand behauptet, daß deine Problem aufhören würden, wenn du meditierst. Keinerlei Magie könnte alles auf einmal völlig verändern. Statt dessen gibt es ein neues Gefühl von Hoffnung. Es ist, als ob du bereits am Anfang des Prozesses irgendwie auch schon das Ende erspähen könntest. Intuitiv fühlst du die Richtigkeit dessen, was du tust, und dieses Gefühl kann dich durch viele Dinge hindurchtragen, die dir ansonsten als recht negative Umstände erscheinen könnten.

Das Ausgleichen der fünf Kräfte

In unserem Wesen gibt es zwei Paare von Kräften oder Fähigkeiten (*indriyas*), die ins Gleichgewicht gebracht werden müssen, und es gibt eine weitere Kraft, die dieses Ausgleichen ausführt. Die zwei Paare, die jeweils miteinander ausbalanciert werden müssen, sind:

Prajna (Weisheit/Intelligenz/Einsicht), die ausgeglichen werden muß mit
Shraddha (Glaube/Vertrauen/Loslassen in) und

Samadhi (Konzentration/Meditation/Vertiefung), das ausbalanciert werden muß mit
Virya (Energie/Enthusiasmus/Interesse).

Die ausgleichende Kraft ist *Smriti* (Achtsamkeit/Aufmerksamkeit/Gewahrsein).

Die fünf *Indriyas* sind in allen buddhistischen Lehren bekannt, im Hinayana, den grundlegenden Lehren des Buddha, genauso wie im Dzogchen. Alle Übungen, die es gibt, haben den Zweck, diese fünf Kräfte auf immer feineren Ebenen auszugleichen.

Bezieht man die fünf Kräfte auf die drei Qualitäten der Offenheit, Klarheit und Feinfühligkeit, so kann man *Smriti* (Achtsamkeit oder Aufmerksamkeit) als Offenheit oder Raum betrachten; *Samadhi* (Konzentration) und *Virya* (Energie) als Klarheit oder Bewußtheit ansehen und *Prajna* (Weisheit) und *Shraddha* (Glaube) mit Feinfühligkeit oder Zuwendungsbereitschaft gleichsetzen.

Wie ein Vogel, der fliegen lernt

Das Ausgleichen der *Indriyas* ist wie fliegen zu lernen. Es ist, als ob die Achtsamkeit der Vogel selbst wäre und die anderen beiden Paare wären seine Flügel. Der Vogel muß seine Flügel ausbalancieren, um zu fliegen. Es ist wie beim mythologischen Vogel *Garuda*, der eine panoramahafte Weitsicht hat; er hat die Fähigkeit, sogar durch Stürme und starke Winde zu fliegen und dann entsprechend zu reagieren, weil er einschätzen kann, was nötig ist, um die anderen Kräfte auszugleichen.

Die Achtsamkeit ist die einzige Kraft, die nicht außer Gleichgewicht geraten kann, in dem Sinne, daß man niemals zu viel davon haben kann. Wenn jedoch die anderen zwei Paare aus dem Gleichgewicht geraten, entstehen daraus verschiedene Probleme, denen man durch eine Vermehrung der jeweils gegenüberliegenden Kraft begegnen muß. Wenn also z. B. die Energie stark ist, aber die Konzentration schwach, wird der Geist sehr ruhelos und übermäßig erregt. Wenn die Konzentration stark ist, aber die Energie schwach, wird der Geist sehr stabil, jedoch untätig. Ist die Weisheit (*Prajna*) stark, aber der Glaube (*Shraddha*) schwach, kann der Geist nicht in die Einsicht hinein loslassen und wird vergegenständlicht und distanziert. Ist dagegen der Glaube stark, aber die Weisheit schwach, neigt der Geist dazu, alles zu glauben, ohne sich damit abzugeben, die Dinge zu prüfen und zu untersuchen, so daß er auf einer bestimmten Ebene des Verständnisses festsitzt und kein Fortschritt mehr stattfindet.

Zunächst wird dein Verständnis von den fünf *Indriyas* wie ein Werkzeug sein, das du einsetzt, wenn du Probleme mit der Meditationspraxis hast. Wenn Probleme auftauchen, kannst du über die fünf *Indriyas* nachdenken, um herauszufinden, welche der Kräfte aus dem Gleichgewicht geraten ist. Möglicherweise kannst du nicht sofort etwas dagegen tun, aber du wirst eine Vorstellung von der allgemeinen Richtung bekommen, der du langfristig folgen mußt. Du wirst klar erkennen können, was falsch ist, und dadurch für die nötigen Veränderungen offener werden und feinfühlig auf sie reagieren. Jetzt bist du wie der Vogel, der losfliegen will und die Kraft in seinen Flügeln sammelt.

Auf einer höheren Ebene wirst du mehr Intuition dafür entwickeln, wie die Kräfte auszugleichen sind. Dies ist dann schon mehr wie der Vogel, der dabei ist, vom Boden abzuheben, und ein Gefühl für das Fliegen bekommt. Schließlich wirst du einfach durch das Sehen dessen, was falsch ist, in der Lage sein, es zu korrigieren.

Die Achtsamkeit ist wie der Weitblick und der ausbalancierende Mechanismus des Vogels, aber sie ist keine Kraft, die von den anderen vier zu trennen wäre. Tatsächlich hat jede der Kräfte in gewissem Ausmaß an der Natur der anderen teil. Es gibt keine Weisheit ohne *etwas* Achtsamkeit, Konzentration, Glaube und Energie; und das Gleiche gilt für die anderen vier Kräfte.

Das Ausgleichen von Konzentration und Energie

Dieser Begriff des Ausgleichens bezieht sich auf die zwei Hauptarten von Hindernissen in der Meditation, nämlich Dumpfheit und Abgelenktheit. Dumpfheit bedeutet, daß der Geist zwar zur Ruhe gekommen, aber nicht wach ist. Er hat, anders ausgedrückt, ein gewisses Maß an Konzentration, jedoch sehr wenig Energie. Abgelenktheit heißt, daß der Geist von zu viel Energie gestört wird. Er hat, in anderen Worten, zwar Energie, aber sehr wenig Konzentration. Im ersten Fall sackt der Geist zu sehr ab, auf eine selbstzufriedene, dumpfe Art und Weise. Im zweiten Fall ist der Geist zwar sehr wach und energievoll, aber er kann sich auf nichts genügend klar konzentrieren. Eine gute Meditation gleicht die Qualität von Lebendigkeit und Schärfe des Geistes mit Stabilität aus. Bevor das geschieht, gibt es immer die Neigung, entweder in einen zu trägen oder einen zu ruhelosen Zustand zu geraten.

Dumpfheit
Starke Vertiefung und schwache Energie

Schläfrigkeit   Im Falle der Schläfrigkeit fühlst du dich träge und abgestumpft. Vielleicht merkst du, daß du nicht richtig aufpaßt, und es könnte sogar sein, daß du ganz einschläfst oder daß dein Geist in einer recht dumpfen Weise über irgend etwas phantasiert. Das ist offensichtlich nicht das, worum es bei der Meditation geht. Du solltest natürlich versuchen, nicht einzuschlafen, obwohl es später für einen sehr geschickten Praktizierenden möglich ist, sogar den Schlaf in die Meditation einzubeziehen.

Manchmal fühlst du dich unmittelbar vor der Meditation recht munter, aber sobald du dich zum Meditieren niedersetzt, wirst du plötzlich sehr schläfrig. Wenn die Meditationszeit vorbei ist, bemerkst du plötzlich, daß du wieder enorm lebendig bist. Das ist sehr verbreitet und legt nahe, daß deine Schläfrigkeit nichts mit körperlicher Müdigkeit zu tun hat. Es ist einfach so, daß du die Meditation mit einem Gefühl von Langeweile in Verbindung gebracht hast. Der Ausweg besteht darin, etwas zu tun, um deine Energie in Gang zu bringen. Dies könnte etwas so Einfaches sein, wie das Fenster zu öffnen oder auf der Stelle zu laufen.

Schläfrigkeit gekoppelt mit Langeweile

Obwohl es verschiedene Techniken gibt, die zur Berichtigung von Fehlern in der Praxis angewandt werden können, wie etwa weiße Lichter an verschiedenen Stellen des Körpers zu visualisieren, empfehle ich diese Übungen eher nicht. Wenn du nicht aufpaßt, kann es nämlich dazu führen, daß du dich auf Tricks verläßt. Es könnte so weit kommen, daß du schließlich einen ganzen Sack voller Techniken zur Verfügung hast, die du bei verschiedenen Gelegenheiten anwendest; einige sind für Situationen, in denen der Geist dumpf ist, andere für Zeiten, in denen der Geist aufgeregt ist. Zum Beispiel soll die Vorstellung von einem schwarzen Punkt im Unterkörper einen erregten Geist beruhigen; über Tod und Vergänglichkeit nachzudenken soll einem abgestumpften Geist zur Klarheit verhelfen.

Verlasse dich nicht auf »korrigierende Maßnahmen«

So kann es passieren, daß du, anstatt zu meditieren, nach Fehlern Ausschau hältst und die ganze Zeit über versuchst, diese zu korrigieren. Dies treibt den beurteilenden Geist eher an, als daß es hilft, ihn loszulassen. Deshalb meine ich, daß es am besten ist, sich nicht zu sehr auf solche Techniken einzulassen.

Mit der Schläfrigkeit mitzugehen kann aufschlußreich sein

Es gibt eine fortgeschrittene Praxis für Zeiten, in denen du einzuschlafen drohst. Obwohl sie fortgeschritten ist, könntest du ihr Anfangsstadium gelegentlich ausprobieren. Das wird dir später helfen, wenn diese Übung für dich in Frage kommt. Auch wirst du, wenn du auf diese Weise übst, Dinge über den Geist erfahren, die du sonst nicht wahrnehmen würdest.

Manchmal, wenn du merkst, daß du wirklich sehr schläfrig bist, kannst du lernen, in die Empfindung von Schläfrigkeit hinein loszulassen. Gewöhnlich versuchen wir dieser Empfindung zu widerstehen, was ein Problem von Spannung hervorruft. Wir versuchen schließlich, die Schläfrigkeit zu bekämpfen, ohne wirkliche Bewußtheit darüber, was da eigentlich vor sich geht. Es ist aber durchaus möglich, etwas über den Vorgang des Einschlafens herauszubekommen. Die folgende Methode ist für jene Phasen gedacht, in denen du so schläfrig bist, daß du die gewöhnliche Achtsamkeitspraxis, die natürlicherweise die Wirkung hätte, dich aufzuwecken, nicht aufrechterhalten kannst.

Laß deine Aufmerksamkeit absinken, als ob du allmählich einschlafen würdest. Du sackst ein bißchen zusammen und schläfst vielleicht tatsächlich für ein paar Sekunden. Dann wachst du auf. Du gestehst dir die Schläfrigkeit ein. Du versuchst Aufmerksamkeit hinsichtlich dieses Übergangs in den Schlaf zu entwickeln. In der Tat ist dies das Schwierigste, was zu tun ist. Du erlaubst dem Schlaf nicht einfach, daß er geschieht; und du wehrst dich auch nicht gegen ihn. Es ist so, als ob du mit ihm gehen würdest – nach unten, in ihn hinein –, und für einen oder zwei Augenblicke sackst du sogar noch ein bißchen mehr zusammen. Wenn du dies machst, geschieht etwas – es ist wie das Hinunterdrücken einer Boje oder Blase im

Wasser; du gehst nach unten, und dann kommst du in einer sanften Weise hoch. Du wirst selbst damit experimentieren müssen.

Wenn du diese Technik anwendest, wirst du dir schließlich der Bilder, Assoziationen und Phantasien bewußt, die blitzartig im Geist auftauchen, kurz bevor du wirklich einschläfst. Es ist wichtig, diese irgendwann zu erkennen, denn es ist tatsächlich das, was die ganze Zeit über geschieht.

Blitzartige Phantasien

Das kann ein ziemlicher Schock sein. Die Phantasie dauert vielleicht nur den Bruchteil einer Sekunde, während du völlig wach bist. Du hast gar keine Zeit zusammenzusacken, weil sie so schnell vorüber ist. Das könnte während der Meditation geschehen oder während du irgend etwas anderes tust – vielleicht sprichst du gerade mit jemandem oder konzentrierst dich auf etwas, und auf einmal wird der Geist ganz »leer«. Bemerkenswerte Dinge können in dieser Zeit geschehen. Geistige Bilder erscheinen und verschwinden, und du vergißt sie im gleichen Moment. Du würdest wahrscheinlich abstreiten, daß sie jemals aufgetaucht sind.

Wenn du in der vorgeschlagenen Weise meditierst, beginnst du plötzlich den Inhalt dieses Moments zu erkennen sowie die vielen Dinge, die die ganze Zeit über vor sich gehen und an der Grenze deiner Bewußtheit aufflackern, ohne daß du sie bemerkst. Sehr leicht gleitest du in Phantasien und seltsame Vorstellungen über die Welt hinein und wieder heraus. Dennoch bist du die meiste Zeit über irgendwie in der Lage, diese Fassade einer völligen Normalität aufrechtzuerhalten, sogar vor dir selbst. Es ist interessant, diese beunruhigenden Dinge über deinen eigenen Geist und den Geist im allgemeinen zu entdecken.

Möglicherweise hast du in Büchern über Psychotherapie oder Psychoanalyse einiges gelesen, was nahelegt, daß solche Dinge vorkommen. Es ist jedoch etwas ganz anderes, sie direkt zu erfahren – zu erkennen, daß dein Geist seltsame kleine Abteilungen hat, die sich öffnen und schließen. Dein Geist ist äußerst aktiv, auch wenn er anscheinend gar nichts tut. Allein um dies zu erkennen, ist es gut, diese Übung auszuführen.

Fortgeschrittene Übungen der Schlafmeditation

Es gibt Meditationen, die speziell mit dem Schlaf zu tun haben, z. B. die Übung, zu versuchen, die meiste Zeit schlafend zu verbringen. Dies ist eine sehr fortgeschrittene Praxis. Es mag sich einfach anhören, ist aber in der Tat sehr schwierig. Abgesehen davon, daß es schon schwierig ist, die meiste Zeit über im Schlaf zu bleiben, wie soll dann der Versuch aussehen, gleichzeitig zu schlafen und bewußt zu sein?

Shantideva war ein großer indischer Gelehrter und Meditationsmeister. Er lebte in Nalanda, der berühmten buddhistischen Kloster-Universität. Dort war er nicht beliebt, weil er nichts anderes zu tun schien, als die ganze Zeit zu schlafen. Eines Tages beschlossen seine Kollegen, ihm einen Streich zu spielen. Sie dachten, er habe keine Ahnung von dem, was um ihn herum passiere, und habe sicherlich all sein großartiges Wissen vergessen. Sie luden ihn ein, vor der großen Versammlung eine Lehrrede zu halten. Zu ihrer Überraschung hielt er eine sehr überzeugende Rede, und auf diese Weise wurde der Text »Bodhicaryavatara«[4] verfaßt.

---

[4] Dieser Text ist ein Klassiker der Mahayana-Literatur. Es gibt eine deutsche Übersetzung von Erich Steinkellner (Diederichs Gelbe Reihe DG 34, Indien).

Der Punkt, auf den es hier ankommt, ist, daß Shantideva diese spezielle Meditationsform ausübte, von der er offensichtlich eine Menge über den Geist gelernt hat. Es ist sogar schon in einer relativ frühen Phase des Übens möglich, genau im Moment des Einschlafens blitzartige Einsichten in die Leerheit zu bekommen.

Bei weiteren gedämpften Zuständen, die anders als der Schlaf sind, ist es nicht immer so offensichtlich, daß sie negative Zustände sind; daher könntest du sogar dazu verleitet werden, sie für richtige Meditation zu halten. Manchmal beginnt deine Meditation mit großer Munterkeit, Klarheit und Energie, die mit einer Stabilität des Geistes einhergehen. Dieser Zustand mag einige Zeit andauern, aber wenn du damit anfängst, dich in diesem meditativen Zustand einzurichten, lassen deine Energie und Munterkeit allmählich nach. Du fühlst dich sehr wohl und meinst, du könntest für immer so sitzen. Es scheint leicht zu sein, zu meditieren. In diesem Zustand scheint dein Körper sehr stabil zu sein, fühlt sich angenehm an, ziemlich kalt – aber du sorgst dich nicht darum. Der Geist wird dabei völlig leer und ruhig. Es scheint einfach nichts vor sich zu gehen, aber du bist nicht besonders wach oder bewußt. Dies wird als »Gefrorenes-Eis«-Meditation bezeichnet, die offensichtlich fehlgeht. Du hast eine gewisse Ebene von Bewußtheit, aber sie ist nicht sehr stark, während die Entspannung sehr stark ist.

Meditation »Gefrorenes Eis«

Es kann sein, daß du ein Bild in deinem Geist hast, besonders wenn du eine Meditation übst, die bewußt auf die Entwicklung von Ruhe ausgerichtet ist. Um sich zu konzentrieren, verwendet man ein bestimmtes Meditationsobjekt – das könnte eine farbige Scheibe oder ein Buddhabildnis sein. Du erreichst einen Zustand, in dem dieses Meditationsobjekt in deinem

Geist erscheint und dort verweilt, ganz ruhig. Du kannst weggehen und eine Mahlzeit zu dir nehmen oder etwas anderes tun, und wenn du zurückkommst, ist das Objekt immer noch da. Es ist fast so, als stünde es irgendwo auf einem Regal. Aber es ist in deinem Geist. Du kannst tagelang mit diesem Objekt vor dir verweilen und dich sehr ruhig und entspannt fühlen. Selbst wenn du ein Jucken oder etwas Ähnliches spürst, kratzt du dich nicht. Es ist so, als habe dein Körper gar nichts mit dir zu tun. Das Jucken erscheint wie ein äußerliches Phänomen; es ist einfach nur ein Jucken irgendwo da draußen im Raum – es macht dir nichts aus, daß es da ist. Genauso ist es auch, wenn du Schmerz spürst oder deine Beine einschlafen – du hast nicht das Bedürfnis, etwas dagegen zu tun. Du hast nicht den Eindruck, daß dich das alles irgendwie anginge. Ein solcher Zustand kann tagelang oder noch viel länger anhalten. Aber in Wirklichkeit hat dieser Zustand kein Leben in sich.

Dieser Zustand kann als Fortschritt mißverstanden werden

Es könnte sein, daß du anfängst zu denken, es sei gut, sich in einem solchen Zustand zu befinden, weil es ein Zustand von Losgelöstheit zu sein scheint. Du denkst vielleicht: »Oh, ich muß wohl dabei sein, mich von allem loszumachen, denn selbst, wenn meine Beine weh tun, stört mich das nicht wirklich. Mein Geist ist auf das Meditationsobjekt fixiert, und ich kann von diesem nicht wegkommen. Ich scheine vollkommen stabil zu sein. Nach allem, was ich in der buddhistischen Literatur gelesen habe, muß dies ein positiver Zustand sein.« Du könntest zu der Meinung kommen, daß es schlecht wäre, einen solchen Zustand zu unterbrechen. Aber auf intuitiver Ebene fühlst du, daß hier etwas nicht stimmen kann.

Weil dieser Zustand den Anschein erweckt, gut zu sein, ist er tatsächlich schlimmer als ein gewöhnlicher

Zustand von Dumpfheit, der niemals mit Meditation verwechselt werden könnte und der auch sehr wenig Energie in sich hat.

Obwohl deine Konzentration scheinbar eingerichtet ist, kannst du bemerken, daß in diesem Zustand das »ach so stabile Meditationsobjekt« nicht das einzige Phänomen in deinem Bewußtsein ist. Dein Geist wandert weg und denkt über dies und jenes nach und kehrt dann zurück. Das Objekt ist immer noch da, aber die Aufmerksamkeit hat es einfach verlassen, um etwas anderes zu tun. Daran kannst du erkennen, daß der Geist nicht wirklich einspitzig ausgerichtet war.

Keine wirkliche Einspitzigkeit

Es wird gesagt, daß dieser Zustand, wenn er lange genug eingeübt wird, zu einer Wiedergeburt als Tier führt, weil er die Intelligenz abstumpft. In diesem Zustand tendiert man dazu, die Dinge recht grob zu erfahren, als ob man plumpe Hände hätte oder einen Körper, der sich wie ein Ball anfühlt, ohne Arme und Beine, als sei er ein Teigklumpen.

Die Intelligenz wird abgestumpft

Du fühlst dich in diesem Zustand vielleicht ganz glücklich, deshalb ist es wichtig, darüber nachzudenken, wozu du meditierst. Wenn du dich vor Beginn der Meditation immer daran erinnerst, warum du meditierst, wirst du nicht für lange Zeit von solchen Zuständen in die Irre geführt werden. Du siehst dann schnell, daß darin nichts passiert.

Denke über den Zweck der Meditation nach

Im Westen denken viele schlecht informierte Menschen, daß es bei der Meditation darum gehe, den Geist leer zu machen und keine Gedanken zu haben. Nichts könnte weiter von der Wahrheit entfernt sein. Wenn dein Geist in dieser Weise »leer« wird, ist dies ein Zeichen dafür, daß deine Meditation völlig falsch läuft.

Alle »leeren« Zustände des Geistes sind negativ

Konzentration, in der nicht genug Energie ist

Im Meditationszustand »Gefrorenes Eis« besteht das Problem, daß zu wenig Energie vorhanden ist. Es ist kein Leben da. Nichts bewegt sich. Gefrorenes Eis heißt im wahrsten Sinne des Wortes, daß die Meditation wirklich auf diese Weise fixiert ist. Die meisten Menschen haben dieses Problem nicht – wenigstens nicht gleich am Anfang. Um in diesen Zustand zu gelangen, ist zu Beginn eine große Menge an Konzentration und Energie nötig, so daß er sich vom sonst erlebten Zustand der dumpfen Leere unterscheidet. Beide Zustände kennzeichnen im Grunde das gleiche Problem – ein gewisses Maß an Konzentration ist da, aber sehr wenig Energie. Im Zustand »Gefrorenes Eis« ist mehr Konzentration da, sogar recht starke Konzentration, aber sie wird nicht durch ein ausreichendes Maß an Energie ausgeglichen.

Abhilfe sowohl für tote Leere als auch für »Gefrorenes-Eis«-Meditation

In beiden Fällen gibt es zwei Dinge, die man tun kann. Die einfachste Lösung ist, die Meditation abzubrechen. Gehmeditation ist hilfreich, um diese Dinge zu beenden. Wenn du alleine bist und merkst, daß du auf diese Weise meditierst, könntest du abbrechen und einen Spaziergang im Freien machen – schaue über einen weiten, offenen Raum, damit sich deine Stimmung hebt. Du könntest auch versuchen, dir eine solche Szenerie bloß vorzustellen; alles, was deinen Geist in Bewegung versetzt und seine Klarheit verstärkt, ist günstig. Du könntest auch versuchen, dir Wasser ins Gesicht zu spritzen. Dann kehrst du zur Meditation zurück, um zu sehen, ob dein Geist genügend erfrischt ist.

Die andere Möglichkeit wäre, etwas gegen das Problem zu tun, während du in der Meditation verweilst. Das ist sehr schwierig, weil du willentlich Energie entwickeln mußt, und das ist überraschenderweise schmerzhaft. Deshalb ist es schwierig, aus einem derartigen Zustand herauszukommen, wenn man erst einmal darin ist. Es ist so, als wäre dein Geist ein schweres Gewicht geworden. Um ihn dazu zu bringen, irgend etwas zu tun, ist es so, als versuchtest du, ein schweres Auto bergauf zu schieben. Es erfordert riesige Anstrengung.

Abgelenktheit
Starke Energie und schwache Versenkung

Wenn der Geist abgelenkt ist, kann man leicht erkennen, daß er sich nicht in die Meditation einfindet, aber es gibt eine subtilere Form dieses Problems, die schwieriger zu handhaben ist.

Wie die gewöhnliche Abgelenktheit, so führt auch dieses subtilere Problem zur Erschaffung einer persönlichen Welt, die sehr mitreißend, aufregend und interessant ist. Subtilere Arten von Abgelenktheit erscheinen in einer Anzahl von Verkleidungen, deren gemeinsames Merkmal es ist, daß der Kontakt mit der gewöhnlichen Welt verlorengeht. Dies geschieht, weil an einem bestimmten Punkt, nachdem die Meditation zunächst eine Weile gut gelaufen ist, der konzentrierte und stabile Aspekt des Geistes um einiges wegfällt, der Energieaspekt aber immer noch sehr stark und kraftvoll ist.

Unser persönliches Video

Der Geist beginnt vielleicht, mit enormer Kreativität geistige Bilder in Hülle und Fülle hervorzubringen. Viele Dinge erscheinen dem geistigen Auge oder Ohr – sie werden vor allem gehört und gesehen, verbunden mit allen möglichen Gedanken. Weniger häufig sind Geruchs-, Geschmacks- und Berührungsempfindungen, obwohl sie auch auftreten. Die meisten Leute erleben dies ein wenig, wenn sie einschlafen und Bilder in ihrem Geist sehen. Aber im gemeinten Fall ist es noch viel intensiver und geschieht ständig. Es ist nicht mit den üblichen vagen Bildern vergleichbar, die dir beim Denken durch den Kopf gehen. Hier sind sie völlig klar, scharf und leuchtender als Dinge, die du mit deiner gewöhnlichen Sicht wahrnimmst. Nach einer Weile entwickelt sich ein ganzer Handlungsstrang. Zuerst ist es vielleicht gar keine bestimmte Geschichte, sondern möglicherweise nur eine Abfolge von unzusammenhängenden Bildern. Dann wirst du hineingezogen und verlierst Kontakt mit der Vorstellung des Meditierens, weil deine geistige Welt so faszinierend und interessant geworden ist. Dinge aus der Vergangenheit, die du vergessen glaubtest, können hochkommen, und du gehst vielleicht auf sie ein. Das Ganze wird so etwas wie deine eigene private Welt, die um dich herum geschaffen wird.

Wir alle tun dies ohnehin bis zu einem gewissen Ausmaß. Wir phantasieren und erleben innerlich Dinge, die mit unserem Leben und unseren Beziehungen zu tun haben, aber in diesem Fall ist es viel lebendiger und sättigt die Sinne viel mehr. Es ist fast so, als ob man ein Buch liest oder ein Video anschaut, außer, daß der Sinneseindruck hier viel vollständiger ist. Alles entsteht recht spontan und leicht. Laut Trungpa Rinpoche wissen Praktizierende genau, daß Yogis in diesem Zustand manchmal so gefangen sind, daß sie in eine Art von Winterschlaf-Zustand eintreten, in dem sie immer weniger Nahrung brauchen. Sie haben sich in dieser Welt verloren und sind irgendwo anders. Das ist ein Extrem, aber es könnte sein, daß du für eine ganze Weile in die Falle dieses Zustands gerätst und dabei denkst, er sei das Ziel der Meditation.

Für die meisten Menschen ist es eher so, daß sich in der Meditation eine Art Zustand entwickelt, in dem sie sehr viele Einfälle haben. Wird dies äußerst intensiv, entwickelt sich daraus eine ganze Serie mentaler Vorstellungen. Du beginnst dich vielleicht unheimlich kreativ zu fühlen. Wenn du literarisches Talent hast, fühlst du dich vielleicht inspiriert, mit der Meditation aufzuhören und etwas aufzuschreiben. Ideen fließen frei und leicht. Vielleicht gibt es einen Handlungsablauf, aber meistens ist es eher eine Gruppe von unzusammenhängenden Bildern. Wenn dies zu weit geht, könnte es sein, daß du anfängst, laut mit dir selbst zu reden und dich verrückt zu benehmen. In diesem Fall ist es nötig, daß etwas Kraftvolles passiert, um dich wieder zur Vernunft zu bringen. Du mußt dazu gebracht werden, dich zu beruhigen. In sehr extremen Fällen könnte es nötig sein, daß der Lehrer den Schüler körperlich schlägt. Das aber nur, wenn es wirklich zu weit gegangen ist!

Starke einfallsreiche oder kreative Zustände können entstehen

Normalerweise ist es besser, nicht zu versuchen, sich selbst zu verlangsamen, weil dies dann so aussieht, als wäre die natürliche Energie des Geistes eine Art Problem. Statt dessen solltest du dich auf den Raum ausrichten, in dem all diese Energie geschieht und darin verweilen. Das energetische, kreative Spiel des Geistes wird dann innerhalb dieser umfassenden Raum-Perspektive wahrgenommen. Wenn dein Gefühl für den Raum anwächst, gleicht das auf natürliche Weise die Energien aus.

Das Ausgleichen von Weisheit und Vertrauen

Die Grundlage für *Prajna* ist klare Bewußtheit, die sich fokussiert und sich dann rhythmisch ausbreitet; dies geschieht nach dem *Evam*-Prinzip, das ich bereits beschrieben habe. *Prajna* kann im buddhistischen Kontext annähernd mit »Weisheit« übersetzt werden. Weisheit kann im Englischen (und im Deutschen) Verschiedenes bedeuten, u. a. Wissen, Gelehrsamkeit, Belesenheit, gesunder Menschenverstand. *Prajna* ist aber eher ein geistiges Vermögen so wie Intelligenz. Vielleicht versteht man sie am besten als unsere Fähigkeit, Wahrheit und Bedeutsamkeit zu erkennen, beinhaltet sie doch Bewußtheit, Klarheit, Intelligenz, Intuition und Wissen – aber vor allem bedeutet sie Feinfühligkeit.

Wenn es uns um das Ausbalancieren von Energie und Konzentration geht, arbeiten wir mit der Energie des Geistes, die mit der grundlegenden Qualität von Klarheit und Bewußtheit in Verbindung steht. Obwohl das auch *Prajna* ist, geht es in dem Fall, wenn wir über das Ausbalancieren von *Prajna* und *Shraddha* sprechen, viel mehr um den Aspekt unseres Wesens, den wir als Feinfühligkeit beschreiben oder als die Fähigkeit, uns auf etwas einzulassen.

Prajna bedeutet, das Wirkliche zu erkennen

Wenn wir Meditation üben und die Qualität verstärkter Bewußtheit, die daraus erwächst, in unseren Alltag hineintragen, beginnen wir, die Natur unserer Erfahrung klarer zu sehen. Wir sehen die sich stets verändernde, transparente Natur unserer Gedanken, Gefühle und Wahrnehmungen, und wir beginnen zu verstehen, was wirklich »wir« und was lediglich vorüberziehende Wolken sind. Sobald wir dies einsehen, bestätigt uns etwas in unserem Wesen, daß es richtig ist: ja, es fühlt sich gut an, dies zu wissen, dies zu erkennen. Dieses Feingefühl ist *Prajna*.

Es ist jedoch eine Sache, die Wahrheit (*Prajna*) zu erkennen, und eine andere, wirklich in diese hinein loszulassen (*Shraddha*). Wir alle wissen um Vergänglichkeit und fühlen uns alle auf unbestimmbare Weise besser, wenn wir uns daran erinnern. Aber dann schneidet irgend etwas die Ausbreitung dieser Bewußtheit ab. Ein Teil von uns will die Vergänglichkeit nicht akzeptieren, verschließt sich daher, und wir sind nicht in der Lage, angemessen zu reagieren.

Shraddha bedeutet, in das hinein loszulassen, was wirklich ist

Ich weiß zum Beispiel, daß der Tod zu jedem kommt, auch zu mir und zu den Menschen, die ich liebe – aber dennoch stecke ich meine gesamte Lebensenergie in den Versuch, an meiner Vorstellung von mir selbst, meiner Jugendlichkeit, meinem Image, meiner Position im Leben und dergleichen festzuhalten. Vielleicht hoffe oder glaube ich, daß es noch mehr im Leben gibt als dies, aber irgendwie traue ich dem nicht ganz.

Die Realität von Tod und Vergänglichkeit

Ich weiß, wenn ich meditiere, fühle ich mich mehr mit dem verbunden, was wirklich ist. Aber dann packt mich der Zweifel, und ich ziehe mich zurück – vielleicht ist das alles nur eine Art Vertrauenstrick. So versuche ich, das Beste aus beiden Welten herauszuziehen. Ich gebe meine weltlichen Ambitionen nie ganz auf, aber trotzdem will ich größere Klarheit und Weitsicht, und darum übe ich weiter.

Die Realität unserer wahren Natur

Irgendwann prallen diese beiden gegensätzlichen Kräfte aufeinander. Werden wir uns auf *Prajna* einlassen, oder werden wir versuchen, uns zurückzuziehen? An dieser Stelle muß *Prajna* mit *Shraddha* ausbalanciert werden.

Vertrauen bedeutet, daß man etwas loslassen muß

Shraddha bedeutet, dieses Gefühl von »ich« loszulassen. Wenn wir erkennen, daß sogar der herrische Beurteiler nur ein Gedanke ist, müssen wir wirklich in etwas recht Neues hinein loslassen. Ein ganz neuer Raum eröffnet sich, und das kann eine sehr schockierende Erfahrung sein. Werden wir uns dem widersetzen, oder werden wir ein bißchen dahinein loslassen? Wird unser Ich-Prozeß ein wenig nachgeben?

Wie *Prajna* ist auch die Fähigkeit loszulassen eine Fähigkeit oder eine Kraft des Geistes. *Prajna* tastet die Wahrheit ab, erkundet sie vorsichtig; und *Shraddha* läßt zu, daß sie sich wie Wellen durch unser Wesen hindurch ausbreitet. *Shraddha* erlaubt uns, die Wahrheit ganz zu erfahren und vollständig zu reagieren.

Anzeichen für starke Prajna und schwaches Shraddha

Was geschieht, wenn stark entwickelte *Prajna* da ist, aber nicht genug *Shraddha*? Dies mag anfangs als Vergnügen zum Ausdruck kommen, über Theorie und Praxis des Buddhismus oder über Meditation zu lesen, aber mit einem großen Widerstand, das Gelesene anzuwenden. In dir kommen wahrscheinlich vielerlei Zweifel und Besorgnisse über Meditation und die daraus entstehenden Erfahrungen auf, so daß du dich überhaupt nicht auf sie einlassen willst. Später könnte es sich als Faszination ausdrücken, künstlich Erfahrungen hervorzubringen, die sich richtig und gut anfühlen, nämlich so, wie du erwartest, daß wirkliche Meditation aussieht – aber das wird dir bald langweilig. Du kommst zu der Anschauung, daß du dir nicht die Mühe machen willst, das Ganze noch einmal zu erleben – du kennst diese Erfahrung ja schon. Du könntest beschließen, hinauszugehen und sie jemand anderem zu lehren oder Bücher und Gedichte darüber zu schreiben. Irgendwann stellst du dann fest, daß du dich gar nicht mehr damit abgibst, noch viel zu meditieren.

All dies sind Wege, die dir aufdämmernde Wahrheit, die du mit deiner *Prajna* fühlst, zu einem Objekt zu machen. Du würdest das Nicht-Selbst gerne verwirklichen, um eine solche Erfahrung irgendwie besitzen zu können. Aber das Allerletzte, was du tun willst, ist, dein sicheres Gefühl von Selbst wirklich loszulassen, das Selbst, mit dem du dich wirklich identifizierst. Der herrische Beurteiler sagt dir hier, daß du die Dinge nicht übertreiben und das Ganze mit Vernunft angehen solltest. Er ist immer da und bereit, die Verantwortung zu übernehmen und alles unter Kontrolle zu halten.

Um *Shraddha* zu stärken, müssen wir immer wieder von den Qualitäten des Erwachens hören und über die Qualitäten der Buddhas und der Bodhisattvas nachdenken, welche die erleuchteten Linien[5] bilden und durch den gesamten Prozeß des Erwachens gegangen sind sowie die Frucht verwirklicht haben. Auf diese Weise gewinnen wir Vertrauen bzw. Glauben in den ganzen Prozeß.

Weiterhin müssen wir mit unseren eigenen Erfahrungen in Kontakt bleiben, uns selbst glauben und vertrauen. Wir haben diese Qualitäten von Offenheit, Klarheit und Feinfühligkeit. Wir können erwachen und vor allem: wir wollen es. Nach und nach wird diese Kraft, in die Erfahrung hinein loszulassen, größer, und unsere Ängste, unser Zynismus und unsere Zweifel werden schwächer, so daß *Prajna* und *Shraddha* beginnen, ins Gleichgewicht zu kommen.

Wie Vertrauen (Shraddha) gestärkt werden kann

---

[5] Darunter versteht man eine Abfolge von erleuchteten Menschen, die jeweils in einer Lehrer-Schüler-Beziehung zueinanderstehen und somit auch die Tradition einer bestimmten Schulrichtung aufrechterhalten (Anm. d. Übers.).

Anzeichen von starkem Vertrauen und schwacher Prajna

Was geschieht, wenn *Shraddha* stark, aber *Prajna* schwach ist? In diesem Fall wirst du jedes Mal, wenn du etwas über Buddha und die Bodhisattvas und die drei Qualitäten deines Wesens hörst, von großer Freude und Aufgeregtheit ergriffen. Du brennst darauf zu meditieren, noch bevor du viel darüber weißt. Vielleicht hast du einen sehr aktiven Geist und findest es schwierig, still zu sitzen, aber du gibst nicht auf. Du zwingst dich und versuchst, dich dazu zu bringen, zu meditieren, aber du hörst nie wirklich den Belehrungen zu oder denkst viel darüber nach. Du möchtest nicht zu viel denken. Du möchtest nur irgendwie beteiligt sein. Du hast eine oder zwei Ideen aufgeschnappt, die dich anziehen, und das reicht dir irgendwie.

Selbst wenn du merkst, daß du nicht meditieren kannst, willst du einfach noch da herumsitzen und glaubst alles, was für dich richtig klingt. Am Ende wirst du immer verwirrter.

Wenn du Glück hast, richtest du deinen Glauben auf das Richtige und bleibst dabei, so daß der Lehrer dich schließlich dazu bringen kann, dein eigenes Urteilsvermögen und deine eigene Fähigkeit anzuwenden, die Wahrheit zu erkennen. Mit anderen Worten: Der Lehrer bringt dich dazu, dein *Shraddha* durch deine *Prajna* auszugleichen. Aber wenn du Pech hast, nutzt jemand deinen arglosen »Glauben« aus und führt dich tief in eine Sackgasse hinein.

Wie Prajna verstärkt werden kann

Um einem solchen Ungleichgewicht abzuhelfen, mußt du eine Art von Zynismus entwickeln, der dir hilft, nichts zu glauben, bevor du nicht wirklich darüber nachgedacht und es ausprobiert hast. Hier ist nicht die abschätzige Art von Zynismus gemeint, die eine Person mit zu viel *Prajna* und nicht genug *Shraddha* haben kann. Hinter dem jetzt gemeinten Zynismus steht eine starke Kraft des Vertrauens in deine eigene Fähigkeit, selbst zu erkennen, wenn etwas wahr ist. Deshalb bist du bereit, dich jeder Erfahrung in einer offenen und ehrlichen Weise zuzuwenden und dich wirklich zu fragen, was sie bedeutet. Dir selbst und deinem Lehrer sehr direkte und grundlegende Fragen zu stellen ist ein Zeichen von einem guten Gleichgewicht zwischen *Prajna* und *Shraddha*.

Achtsamkeit bedeutet einfach, aufmerksam zu sein. Wir haben eine Fähigkeit, aufmerksam zu sein, und wir können uns dafür entscheiden, uns darauf auszurichten, oder aber versuchen, sie auszulöschen und unaufmerksam zu sein.

Die Achtsamkeit führt das Ausgleichen aus

Es gibt Zustände, in denen der Geist sehr klar und lebendig ist und in denen keine Gedanken aufkommen. In diesem Fall ist dein Geist sehr strahlend. Es ist fast so, als seiest du im Himmel. Dieser Zustand unterscheidet sich ganz und gar von allen oben beschriebenen. Auch in diesem Fall ist es wichtig, sich an das grundlegende buddhistische Prinzip zu erinnern, sich niemals an irgend etwas zu hängen, nicht einmal an Meditation.

Hafte nicht an guter Meditation an

Man kann sich an alle möglichen glorreichen Meditationszustände klammern. Anders ausgedrückt: Du fängst vielleicht an, in einer bestimmten Erfahrung oder in einem Zustand zu schwelgen und eine große Sache daraus zu machen. Das ist nicht gut. Du mußt gute Zustände und Erfahrungen genauso durchschneiden wie negative Zustände und Erfahrungen. »Durchschneiden« heißt hier sie gehen lassen – im Vertrauen in die uns innewohnende raumhafte Qualität des Geistes.

Der Herzens-wunsch

Der Schlüssel ist unser Wille. Was wollen wir wirklich? Wenn wir in unseren Herzen aufmerksam, wach, gesund, offen, sensibel und lebendig sein wollen – wenn wir uns von Herzen nach tieferem Sinn, tieferem Frieden, tieferem Wohlgefühl sehnen, dann sollten wir uns auf diesen Wunsch ausrichten. Wir sollten diese bewußte Entscheidung bei jeder Gelegenheit immer wieder treffen.

Die Praxis der Achtsamkeit bedeutet, daß wir uns auf unseren Herzenswunsch ausrichten. Es ist wie mit dem Vogel, der sich auf die Richtung, in die er fliegen will, ausrichtet. Dann schlägt er seine Flügel, um ihnen Kraft zu geben, sich vom Boden abzuheben. Fliegt er erst einmal, gebraucht er seine Fähigkeiten, in der Luft zu bleiben und die richtige Richtung einzuhalten. Am Ende tut er das ohne Gedanken oder Anstrengung. Er ist vollkommen ausgerichtet und ausgeglichen.

Teil III

Praxis im Alltag

Offenheit

In der buddhistischen Praxis geht es nicht um Willenskraft, Kontrolle, manipulierte Ruhe, Anhalten von Gedanken, Leerwerden des Geistes und all die anderen falschen Vorstellungen, die manche Leute haben. Statt dessen geht es um die Entwicklung von Geistesstabilität durch das Wertschätzen der drei Qualitäten Offenheit, Klarheit und Feinfühligkeit – nicht nur in der Meditation, sondern auch im täglichen Leben.

Offenheit gilt es sowohl für Situationen und andere Menschen zu entwickeln als auch für uns selbst. Das bedeutet, Dingen Raum zu geben, sie ganz und gar so existieren zu lassen, wie sie sind. Dies steht in Beziehung zu einem offenen und ehrlichen Herzen oder Geist. Ein Beispiel: Wenn du praktizierst, beginnst du Dinge über dich selbst herauszufinden, die dir nicht besonders gefallen. Grundsätzlich gibt es zwei Möglichkeiten, damit umzugehen: Entweder du wendest dich diesen Dingen zu und erfährst sie vollständig, oder du schreckst vor ihnen zurück und versuchst sie irgendwie aus deinem Geist hinauszudrücken.

Wenn du beschließt, die Rolläden herunterzulassen und etwas Bestimmtes nicht anzusehen, wird dies ein emotional besetztes Feld. Sobald sich dieses bestimmte Erfahrungsfeld zu manifestieren beginnt, betätigt es einen emotionalen Schalter, der dir sagt, diese Erfahrung zurückzuweisen. Jedesmal, wenn dieses bestimmte Feld berührt wird, gleitest du automatisch darüber hinweg und bleibst dabei, dich vor dir selbst zu rechtfertigen, so daß du diese Angelegenheit niemals zu genau betrachtest.

Offenheit ist wahre Stabilität – sich der Erfahrung zuwenden, anstatt sie zurückzuweisen

Du könntest dich z. B. für eine im Grunde sehr freundliche Person halten, aber manchmal wirst du tatsächlich sehr wütend. Anstatt diese Wut anzusehen, leugnest du sie einfach und versuchst, deine wütende Reaktion als etwas wirklich Gutes zu rechtfertigen. Sollte das jemand in Frage stellen, ignorierst du es einfach oder beendest das Thema. Offen und ehrlich deine Wutreaktion zu untersuchen ist wirklich das Letzte, was du tun würdest.

Aber wenn du beschließt, dich den Dingen zuzuwenden, die du möglicherweise über dich entdeckst und nicht magst, ist das in der Tat ein wenig beunruhigend. Bist du jedoch entschlossen, offen und ehrlich zu sein, sagst du dir so etwas wie: »Ich will dies sehen«, oder: »Ich will dies ganz erfahren und wissen, was es ist.« Mit anderen Worten: Du öffnest dich diesem Gefühl, das du nicht magst. Einfach in der Lage zu sein, dich deiner Erfahrung auf diese Weise zu öffnen, sei es während der Meditation oder im Alltagsleben, beweist bereits eine gestärkte Geistesstabilität.

Laß dieses Gefühl, etwas abweisen zu wollen, ein Auslöser für Bewußtheit sein

Du solltest dich darin üben, dich sofort jeder Sache zuzuwenden, vor der du instinktiv zurückscheuen möchtest. Das bedeutet, dich solchen Dingen zuzuwenden, die du an dir selbst unangenehm oder inakzeptabel findest. Somit wird eben dieses anfängliche Gefühl des Zurückweichens oder der Ablehnung automatisch den bewußten und offenen Seinszustand auslösen. Dadurch lernst du, offen und ehrlich zu sein, weil du auf diese Weise die Dinge wirklich richtig erfahren kannst. Offen zu sein bedeutet also, sich den Dingen zuzuwenden, anstatt sich davon abzuwenden.

Du brauchst nicht zu wissen, was zu tun ist

Hast du deinen Geist auf diese Weise einer Sache zugewandt, kann es sein, daß du nicht weißt, was du damit anfangen sollst. Irgendwie hast du das Gefühl, es müßte eine Art von Strategie oder eine Formel geben, die dir sagt, was als nächstes zu tun ist. Trungpa Rinpoche pflegte zu sagen, es sei nicht nötig, eine Strategie zu haben. Es macht nichts, wenn du nicht weißt, was du tun sollst. Wichtig ist, einen Raum, eine Lücke zu schaffen. Ist erst einmal eine Lücke da, kann spontan etwas Neues geschehen. Für den Anfang macht es nichts, wenn du einen Aussetzer hast und dir nichts einfällt, was du tun oder sagen könntest.

Wichtig ist dabei, das Ganze nicht kompliziert werden zu lassen. Halte es einfach. Es kommt auf die innere Haltung an, sich einfach der Sache zuzuwenden, sich dafür zu öffnen. Dies bringt letztendlich von alleine Inspiration mit sich.

Einfachheit trägt ihre eigene Inspiration in sich

Zunächst ist einfach dieses Gefühl da, sich mehr zu öffnen. Dann folgt der Eindruck, daß daraus auf natürliche Weise etwas herausfließt. Wichtig ist, diesen ersten Schritt des Zuwendens, nicht des Abwendens zu machen. Beginnt die Inspiration aus dieser Veränderung oder Verschiebung erst einmal zu fließen, wird sie zu einem erweiterten Gefühl von Offenheit führen. Allmählich entwickelt sich eine gewisse Spontaneität, und deine Reaktionen und Handlungen scheinen angemessener und wirksamer zu werden. Das geschieht nicht sofort und mag lange Zeit nicht zum Vorschein kommen, aber im allgemeinen dämmert recht schnell eine gewisse Erleichterung auf und eine Bestätigung, daß es nur auf diesem Weg vorwärtsgeht.

Anfangs scheint es so, als ob du dir nur eine Art von psychologischer Arznei verabreichtest, um dich von deinen emotionalen Problemen zu heilen. Aber wenn du zuläßt, daß dich diese Qualität von Offenheit weiter und weiter trägt, wirst du merken, daß es sich um etwas handelt, dessen Ende ganz und gar offen ist. Sie

Keine bloß psychologische Arznei

trägt dich in Bewußtheits- und Erfahrungsbereiche, deren Existenz du dir niemals ausgemalt oder gar für möglich gehalten hättest. Diese einfache Verschiebung des Sich-Hin- statt Abwendens, reicht in sich aus, um dir zu einer ganz neuen Tiefe deiner Sicht zu verhelfen.

Offenheit ist Nicht-Manipulation – setze dich nicht unter Druck

Ein anderer Aspekt der Offenheit ist das allgemeine Gefühl von Raumhaftigkeit. In unserem alltäglichen Leben gibt es enorm viel Druck. Wir fühlen uns die ganze Zeit über von unserer Arbeit, unseren Verantwortlichkeiten, von Leuten und Sorgen usw. drangsaliert. Das geht soweit, daß selbst der Versuch, sich zu entspannen, zur Qual wird. Im Buddhismus versuchen wir das Gefühl zu entwickeln, nicht gepeinigt zu sein. Es besteht einfach kein Grund, sich drangsaliert zu fühlen, weil es immer diesen unermeßlichen Raum gibt.

Klarheit / Bewußtheit

Um diesen allgegenwärtigen Raum zu erkennen, müssen wir die Dinge lebendig und scharf wahrnehmen. Das ist hier mit Klarheit oder Bewußtheit gemeint. Die bloße Tatsache, daß wir etwas wahrnehmen, zeigt, daß Klarheit vorhanden ist. Sie muß sich allerdings, indem wir uns auf sie ausrichten, noch ausdehnen und vertiefen.

Wenn du praktizierst und die Qualität der Offenheit entwickelst, wird dein Geist phasenweise sehr klar und die Dinge erscheinen in einer sehr lebendigen Weise. Anfangs dauern solche Erlebnisse nicht sehr lange an, aber wenn du beginnst, diese Klarheit zu erfahren, erkennst du, daß sie zu deinem eigentlichen Wesen gehört, genauso wie die Qualität Offenheit oder Raum. Sie hat eine enorme Tiefe.

Zunächst haben wir die Tendenz, den natürlichen Raum und die Bewußtheit unseres Geistes als selbstverständlich anzusehen. Es fällt uns nicht sofort auf, daß diese auf immer tieferen Ebenen erfahren werden können. Wenn wir aber dann eine dieser Qualitäten, sei es nun Raum, Bewußtheit oder Feinfühligkeit, in größerer Tiefe erfahren, wissen wir auch die jeweils anderen beiden Qualitäten mehr zu schätzen. Wenn sich z. B. die Offenheit ausdehnt, nehmen Bewußtheit und Feinfühligkeit zu; wächst die Qualität von Wohlbefinden (Feinfühligkeit), so erweitert sich das Gefühl für Raum und Bewußtheit. Dieser Prozeß erstreckt sich grenzenlos weiter. Es gibt keinen Punkt, an dem er aufhören würde. Die drei Qualitäten nähren sich wechselseitig und dehnen sich unbegrenzt aus, wobei jede untrennbar mit den jeweils beiden

Größere Tiefen dieser Qualitäten entdecken

anderen verbunden ist und sie alle Aspekte der einen Realität sind.

Sprechen wir also davon, offen zu sein, ist Klarheit bereits als Teil enthalten. Sobald du klar siehst, ist die Qualität der Offenheit auf natürliche Weise da. Wir können aber trotzdem zwischen diesen beiden Qualitäten eine Unterscheidung treffen, wenn wir über sie diskutieren wollen.

Klarheit bedeutet, sich des Mandala-Prinzips, der Samaya-Verbindungen und des Energieaustauschs bewußt zu sein

Klarheit oder Bewußtheit hat damit zu tun, die Qualität unserer Erfahrung zu erkennen. Wenn wir z. B. eine negative Erfahrung machen, bedeutet Klarheit, daß wir die Verbindung zwischen dieser und anderen Erfahrungen in unserem Leben erkennen. Klarheit heißt, sich der Beziehungen und Zusammenhänge zwischen den Dingen bewußt zu sein.

Diese Verbindungen und Erfahrungen kann man als unsere *Samayas* bezeichnen, weil *Samaya* unentrinnbares Band bedeutet – und wir haben ein unentrinnbares Band mit all unseren Erfahrungen und Verbindungen. Obwohl wir entscheiden können, was wir damit machen, können wir uns nicht aussuchen, welche Verbindungen wir haben. Indem wir uns unserer Verbindungen bewußt sind und sie respektieren, verbinden wir uns mit dem *Mandala* unseres Wesens. *Mandala* bezeichnet etwas, das ein Zentrum und eine Peripherie hat und bezieht sich auf die Struktur und Dynamik aller sich manifestierenden Dinge. In einem ständigen Energieaustausch beeinflußt das Zentrum des *Mandalas* seinen Rand, und der Rand gibt wiederum eine Rückkoppelung an das Zentrum. Die Dynamik all unserer *Mandala*-Verbindungen zu erkennen (d. h. die Verbindungen zwischen Geist, Körper, Umwelt, uns selbst und den anderen) ist Teil des Bewußtheits- und Klarheitsaspekts unseres Wesens.

Der andere Aspekt der Klarheit oder Bewußtheit ist das Erkennen von Veränderung und Vergänglichkeit. Erfahrung ist dynamisch und verändert sich dauernd. Läßt man das Gewahrsein im Fluß der Erfahrung ruhen, ohne sich dem Wandel zu widersetzen, so wird die Klarheit des Gewahrseins intensiver.

Klarheit bedeutet, sich der Vergänglichkeit bewußt zu sein

Verstärkt sich die Bewußtheit, so wird das als das Betreten von etwas Neuem erlebt – du beginnst etwas zu erkennen, das du zuvor nicht bemerkt hattest, etwas, das wirklich und lebendig ist. Jedesmal, wenn deine Bewußtheit zunimmt, fühlt sich deine Erfahrung wirklicher und lebendiger an als zuvor.

Bewußtheit ist Interesse

Feinfühligkeit

Feinfühligkeit ist die bereits erwähnte Qualität von Lebendigsein. Sie ist nicht nur die Ursache für unser Erleben von Wohlsein und Freude, sondern auch für Leiden und Unglücklichsein. Deshalb möchten wir manchmal unser Feingefühl abschalten und uns ein »dickes Fell« zulegen.

Feinfühligkeit ist letztendlich Mitgefühl

Diese Qualität des Lebendigseins bringt die Bereitschaft mit sich, mit anderen zu empfinden und auf sie einzugehen. In ihrer intensivsten Form ist sie das grenzenlose Mitgefühl eines Buddha. Indem du dich deiner eigenen Erfahrung öffnest, beginnst du auch, Glück und Leid der anderen immer mehr zu fühlen. Dieses Mitfühlen führt schließlich dazu, daß du genauso intensiv das Leiden der anderen beseitigen willst wie dein eigenes Leiden.

Vertieft sich diese Feinfühligkeit, so vertiefen sich gleichermaßen auch die Offenheit und die Klarheit deines Geistes und deines Herzens. Du kannst das Gefühl persönlichen Unbefriedigtseins und Leidens nicht mehr von dem der anderen trennen. Das hört sich vielleicht etwas schwer und beengend an – aber, wenn du dich nicht länger auf dein Selbst ausrichtest, entsteht aus der weiteren Sicht, die mit Offenheit und Klarheit einhergeht, eine starke Inspiration.

An Leiden zu denken kann dich negativ und eiskalt machen

Negative und leidvolle Gefühle können zur Inaktivität führen, zu dem Eindruck, eingefroren zu sein und nichts tun zu können. Das Gegenmittel ist größere Bewußtheit von Offenheit und Raumhaftigkeit. Es gibt keine Begrenzung dafür, was der offene Geist, das offene Herz, in sich aufnehmen kann.

Feinfühligkeit führt zu Aktion. Du kannst die richtige Art von Bereitschaft, dich auf Situationen einzulassen, nur dann entwickeln, wenn du offen und bewußt genug bist, um die Natur der Situationen genau und klar zu fühlen. Wenn du dir der emotionalen Untertöne dessen, was vor sich geht, bewußt bist, und wenn du nicht nur deine eigenen für die Situation relevanten Beziehungen und Verbindungen kennst, sondern auch die der anderen, dann kannst du angemessen darauf eingehen.

Feinfühligkeit führt zu einer Antwort des Handelns

Es ist wichtig, wirklich wissen zu wollen, wie die Emotionen funktionieren, wie sie die Welt, in der wir leben, erschaffen und welche Beziehung zwischen unseren Gefühlen und unser Weise, die Welt wahrzunehmen, besteht. Versuche, zu bemerken, wie sich deine Gefühle scheinbar nach »dort draußen« übertragen. Dich mehr auf »hier innen« statt auf »dort draußen« auszurichten kann dir helfen. Wenn wir z. B. wütend sind, scheint das Zorngefühl von einer Person oder einer Situation herzurühren. Es erscheint uns so, als seien sie die Ursache der Wut und daß, wenn sie beseitigt würden, auch unsere Wut verschwände. Aber tatsächlich ist die Wut in unserem Geist und in unserem Körper. Die Person oder die Situation, auf die wir unsere Wut beziehen, befindet sich tatsächlich außerhalb von uns und kann in uns gar kein Gefühl hervorrufen. Es sind die Gedanken und Gefühle in uns selbst, die unser Wutgefühl entstehen lassen. Manchmal bewirkt schon allein das Bemerken dieser Tatsache eine Öffnung, eine Art Wohlbefinden.

Emotionen erschaffen die Welt, in der wir leben

Das soll nicht bedeuten, daß wir lernen müßten, unsere Gefühle zu kontrollieren – mit dieser Ansicht gehen so viele ungute Nebenbedeutungen einher. Vielmehr erkennen wir allmählich eine mit unseren Gefühlen verbundene Kraft in uns selbst, so daß wir uns

Vertrauen, die Gefühle weder kontrollieren zu müssen, noch ihnen ausgeliefert zu sein

ihnen nicht mehr völlig ausgeliefert fühlen. Es handelt sich um keine manipulierende Kraft, sondern eher um die Kraft des Vertrauens in uns selbst und in das, was wir im Grunde genommen sind.

Verschiedene Therapiearten haben das Ziel, einen besseren Zugang zu den eigenen Gefühlen zu ermöglichen. Aber die Kraft des Vertrauens, das ich hier meine, ist mehr als einfach nur ein weiteres Gefühl. Zu sagen, du seiest mehr in Kontakt mit deinen Gefühlen, wäre zu schwach. Vielmehr ist es so, wie Trungpa Rinpoche es ausdrückte, daß du beginnst mit negativen Emotionen Freundschaft zu schließen. Du fängst an, sie wirklich zu schätzen, baust fast eine persönliche Beziehung dazu auf. Sie können dir etwas sagen, dir etwas beibringen, sie stellen nicht einfach nur ein Problem dar. Letztendlich, in einem sehr tiefen Sinne, sind sie nichts Gefährliches, gegen das du etwas unternehmen, das du manipulieren oder irgendwie unschädlich machen müßtest. Sie sind tatsächlich die reine Energie deines Wesens. Diese Energie ist irgendwie verzerrt, eingefroren oder gestört worden, aber sie ist trotzdem nichts anderes als der Raum, die Klarheit und das Feingefühl der Natur des Geistes. Es ist wichtig, dies immer anzuerkennen.

Nicht-Bewußtheit bemerken

Der erste Schritt für die Praxis im Alltag ist, zu erkennen, wie wir Raum, Bewußtheit und Feinfühligkeit nicht richtig oder nicht vollständig erfahren. Das hört sich vielleicht etwas widersprüchlich an. Wie können wir das, was uns fehlt, bemerken und erkennen? Denke darüber nach. Im allgemeinen meinen wir, manchmal aufmerksam zu sein und manchmal nicht; aber damit dies möglich ist, müssen wir auch in Zeiten, in denen wir anscheinend nicht aufmerksam sind, ein gewisses Maß an Bewußtheit haben – wie könnten wir sonst glauben, wir seien in diesen Zeiten nicht aufmerksam gewesen? Der springende Punkt ist, daß die Bewußtheit ununterbrochen da ist, wenn auch nicht immer in voller Intensität.

Ein Hauptfaktor bei der Schwächung der Intensität unserer Bewußtheit ist die Tendenz, sich von den sechs Sinnen (Augen, Ohren, Nase, Zunge, Körper und Geist) abzukoppeln und die Aufmerksamkeit in eine innere Welt von Gedanken, Begriffen und Gefühlen wegtreiben zu lassen – wir folgen geistlos Assoziationsketten und sind uns dabei kaum bewußt, wo wir sind oder was wir tun. Wir haben uns im Labyrinth unseres eigenen Geistes verirrt, aber bemerken nicht wirklich, daß es sich um unseren eigenen Geist handelt. Wir registrieren zwar Botschaften, die durch die Sinne zu uns dringen, aber wir bemerken nicht wirklich, was diese Botschaften mitteilen. Wir sind wie auf automatische Selbststeuerung geschaltet und laufen halb-bewußt durch die Gegend. Wir machen das eine und denken dabei meistens an etwas anderes. Wir sind nicht etwa halb im Schlafzustand. In gewisser Weise sind wir wach, weil wir nicht wirklich ohne

Bewußtsein sind, aber wir sind nicht in dem Sinne wach, daß wir präsent, konzentriert und uns dessen bewußt wären, was vor sich geht.

Ständiges inneres Selbstgespräch

Eine Möglichkeit, deine Bewußtheit zu verstärken, ist, zu bemerken, wieviel Zeit du damit verbringst, mit dir selbst zu reden. Du denkst vielleicht: »Nun, ich muß doch mit mir selbst reden, weil ich überlegen muß, was ich als nächstes tun werde.« Das mag für uns im Moment auch zutreffen, aber es heißt, daß Buddhas das nicht tun müssen. Es wäre also interessant zu untersuchen, wieviel von unserem inneren Selbstgespräch wirklich nötig ist. Möglicherweise finden wir heraus, daß wir bei weitem nicht so viel mit uns reden müssen, wie wir gedacht haben.

Vieles von diesem Selbstgespräch besteht einfach aus Phantasien und hat nicht wirklich die Funktion, uns zu Entscheidungen zu verhelfen. Oft geht es nur darum, sich verschiedene Szenarien vorzustellen, wie wir es gerne hätten oder nicht hätten, was passiert ist, aber nach unseren Wünschen nicht hätte geschehen sollen, was wir erhoffen oder befürchten. Solche Hoffnungen und Ängste werden immer wieder durchgespielt und wiederholt.

Es ist fast so, als ob wir wünschten, uns der aktuellen Gegenwart nicht bewußt zu sein. Wir erwägen immer schon die Zukunft oder verharren in der Vergangenheit. Auf diese Weise drücken wir uns andauernd vor der unmittelbaren Situation. Wenn wir zu dem, was wir wirklich sind, aufwachen wollen, ist es wichtig, dieses geistige Geschwätz für eine Weile anzuhalten, einfach um zu sehen, was dann passiert.

Du kannst dies versuchen, wenn du die Straße entlanggehst. Wir führen oft Selbstgespräche, wenn wir umherlaufen – die Frage ist, ob wir sie stoppen können.

Als erstes bemerkst du das enorme Bedürfnis, mit dir selbst zu reden. Wenn du mit einem gewissen Maß an Schärfe deine Selbstgespräche anhalten kannst, dann bemerke den enormen Drang, wieder damit anzufangen. Versuche ein Gefühl dafür zu bekommen, warum das so ist. Versuche den Geschmack dieses Drangs zu erfahren. Versuche nicht mit irgendeiner intellektuellen Begründung aufzuwarten – mache dich einfach mit diesem Gefühl des emotionalen Redezwangs vertraut. Frage dich, ob du etwas zu vermeiden suchst oder vor etwas Angst hast. Gibt es etwas, das deiner Meinung nach nicht geschehen soll? Das könnte alles mögliche sein, aber es ist besser für dich, einfach hinzuschauen und es selber zu entdecken.

Der Drang zum Selbstgespräch

Vielleicht wirst du über das Ausmaß deiner Selbstgespräche entsetzt sein – aber warum? Eigentlich ist es wunderbar. Plötzlich hast du begonnen, etwas über dich selbst zu erkennen. Vielleicht hast du es zuvor nie wirklich bemerkt. Etwas an der Klarheit dieser Erkenntnis macht das Herz irgendwie leichter – wie wenn eine Bürde weggenommen wird. Die Leichtigkeit kommt vom vergrößerten Raum. Du bist nicht länger einfach diese endlose Kette von Gedanken. Du bist der Raum, in dem sie geschehen. Das könnte schockierend sein, aber es gibt dir eine andere Perspektive auf deine Erfahrung.

Oft rührt dieser Drang, dieser Druck immer weiterzureden und viel Lärm zu machen, von einer Angst her, dich alleine vorzufinden. Du weißt natürlich, daß du alleine bist in dem Sinne, daß die Gedanken alle von dir kommen. Aber diese Gedanken sind vertraut und irgendwie beruhigend – so als hättest du eine Art

Bemerke die Angst, allein zu sein

selbstgeschaffener Elterngestalt, die zu dir spricht. Sie ist so vertraut, und du nährst dich von ihr; sie versichert dich deiner Existenz als die Person, die du zu sein glaubst.

Untersuche also die Funktionsweise deines Geistes. Unterbrich dich selbst in dem, was du normalerweise tust, und erkenne den Druck, der dich dazu bringt, weiterhin den gleichen alten Bahnen zu folgen. Oft kommen sie dir recht vernünftig vor, aber du solltest dich davon nicht zum Narren halten lassen.

Gefühl vernünftiger Empörung

Laß dich nicht von scheinbar vernünftigen Einwänden irreführen, wie z. B.: »Dies ist Unsinn. Ich kann doch nicht herumlaufen ohne zu denken!« Es ist wichtig, jedes plötzliche Gefühl von wilder Empörung zu bemerken; bemerke es einfach. Vielleicht stimmt es ja gar nicht. Vielleicht könntest du mit viel weniger Denken funktionieren.

Buddhas denken nicht

Wenn gesagt wird, daß Buddhas gar nicht »denken«, ist es interessant und tiefgründig zu erwägen, was dies wohl bedeuten könnte. Wie könnten sie in der Welt existieren und funktionieren, ohne zu denken? Das heißt nicht, daß da gar nichts passiert, aber es ist auch nicht das, was wir normalerweise »Denken« nennen.

Sich den Sinnen zuwenden

Wenn du nun versuchst, das geistige Geschwätz abzuschalten, versuche dich nur auf das auszurichten, was durch die Sinne kommt: z. B. auf die Empfindungen des Körpers beim Gehen oder auf die Wahrnehmungen wie Bäume, Blumen, den Himmel, die Straße, Ampeln und dergleichen.

Du wirst feststellen, daß das Anhalten deines normalen begrifflichen, sich wiederholenden Denkens dazu führt, daß deine Sinne lebendiger werden. Du hast mehr Zeit, sie zu erfahren.

Die Sinneserfahrung wird lebendiger

Die vier Arten der Achtsamkeit

Gemäß der buddhistischen Tradition wird die Übung der Achtsamkeit in vier Arten unterteilt:

1. Achtsamkeit auf den Körper

2. Achtsamkeit auf Gefühlszustände

3. Achtsamkeit auf den Geist (chitta)

4. Achtsamkeit auf die Phänomene (dharmas; geistige und durch die Sinne vermittelte Eindrücke)

1. Achtsamkeit auf den Körper

Achtsamkeit auf den Körper bedeutet u. a., daß du dir deiner Körperhaltung und -bewegungen bewußt bist. Das wird möglich, wenn du das geistige Geschwätz und das begriffliche Denken anhältst und dich auf die tatsächliche Erfahrung ausrichtest.

Bestimmte Körperübungen sind hilfreich

Es gibt jede Menge Übungen und Spiele, die du durchführen kannst, die dein Körper-Bewußtsein vergrößern sowie die Verbundenheit des Körpers mit dem Geist und der Umgebung stärken.

Mandala-Prinzip

Entscheidend ist, sich der eigenen Erfahrungswelt als eines Ausdrucks des *Mandala*-Prinzips bewußt zu werden. Das bedeutet, daß du dich auf die körperliche Zentriertheit und das Geerdetsein deines Wesens ausrichtest. Dies gibt dir die Grundlage dafür, dich in den Raum hinein öffnen zu können, und so bist du besser in der Lage, dich deiner Erfahrung zuzuwenden, ohne davon überwältigt zu werden.

In der Meditation darauf zu achten, wie man sitzt und sich mit dem Rhythmus des Atems verbindet, heißt Achtsamkeit auf den Körper. Dazu gehört auch, Spannungen im Körper zu bemerken und sie sanft zu lösen.

Der Körper in der Meditation

Dort gegenwärtig zu sein, wo du gerade körperlich bist, heißt Achtsamkeit auf den Körper – es ist der wichtigste Aspekt. Das bedeutet nicht, daß du einen Beobachter einsetzen mußt, um sicherzustellen, daß du immer weißt, was du tust, und der dich zurechtweist, wenn dein Geist abwandert. Es bedeutet, daß du ein sanftes Gespür von Verbundensein aufrechterhältst, davon, wachsam, aber gleichzeitig ruhig zu sein, was dich mit der Raumhaftigkeit und der sich ständig verändernden Natur der Sinneswelt verbindet – mit dem Körper, der Umgebung, mit sichtbaren Dingen, Klängen, Gerüchen, mit Geschmacks- und Körperempfindungen.

Sei da, wo du bist

Obwohl Sinneseindrücke strenggenommen zum Bereich der Achtsamkeit auf die *Dharmas* gehören, muß man, um sich überhaupt des Körpers bewußt zu sein, auf die Sinneseindrücke achten. Die Aufteilung der Achtsamkeit in vier Arten ist einfach ein Kunstgriff, um deiner Aufmerksamkeit eine Ausrichtung zu geben. Tatsächlich sind in jeder Achtsamkeitspraxis alle vier Arten in gewissem Ausmaß vorhanden. Es gibt keine scharf umrissenen Unterteilungen.

2. Achtsamkeit auf Gefühlszustände

Diese bezieht sich auf unsere Gefühlszustände von Zuneigung, Abneigung und fader Neutralität. Eine Art der Achtsamkeitsübung besteht darin, sich darauf auszurichten, wie unsere gesamte Erfahrung von diesen Gefühlen gefärbt ist. Wenn wir nicht gerade bloße

Zuneigung, Abneigung und schlichte Neutralität

Gleichgültigkeit fühlen, ergreifen wir immer für oder gegen eine Erfahrung Partei. Unsere grundlegende Natur der Feinfühligkeit und Zuwendungsbereitschaft drückt sich als konstanter Strom dieser drei Gefühlskategorien aus.

Zunächst bemerkst du dies auf einer groben Ebene. Plötzlich stellst du fest, daß du jemandes Parfüm magst oder nicht magst oder du ärgerlich wirst, wenn dich jemand anrempelt.

Dann folgt vielleicht eine Lücke mit einer Art neutralem Gefühl, in der scheinbar nichts geschieht.

Möglicherweise beginnst du nun, an etwas Angenehmes zu denken. Das dauert eine Weile an, ebbt wieder ab, um erneut einer Art gleichgültigem Gefühl Platz zu machen. Dann erscheint wieder etwas anderes, was dir gefällt oder mißfällt.

Anfangs scheinen die Zu- und Abneigungen intensive Gefühlspunkte vor einem neutralen Hintergrund zu sein. Allmählich beginnst du aber zu bemerken, daß sogar in diesem neutralen Abschnitt kleine Zu- und Abneigungen vor sich gehen. Es gibt also weitere Feinheiten, die untersucht werden müssen.

Schließlich erkennst du, daß du ständig die Dinge ein klein wenig magst oder ablehnst. Sogar die starken Gefühle von Zuneigung und Abneigung sind nicht aus einem Guß. Eine starke Zuneigung oder Abneigung hat in sich kleine Bläschen von mehr oder weniger intensiven Gefühlen. Zum Beispiel denkst du vielleicht: »Oh, ich mag das.« Aber dann bemerkst du, daß da manche Teile sind, die du nicht so gerne magst wie die übrigen. Du begreifst, daß das Ganze ein recht komplizierter Prozeß ist.

Es ist wichtig, an all dem Interesse zu gewinnen, aber nicht, weil du in einer völlig selbstbezogenen Weise an dir selbst interessiert bist. Dein Interesse für den gesamten Prozeß wird in einer fast unpersönlichen Weise geweckt, indem du siehst, wie dieser Prozeß sowohl in anderen als auch in dir vor sich geht. Du beginnst, dich immer subtiler auf die Art, wie Wahrnehmung funktioniert, einzustimmen – wie du selbst und andere die Dinge sehen.

Interesse ist der Schlüssel

Dies verstärkt deine Feinfühligkeit für dein eigenes Verhalten und das von anderen. Vereinfacht ausgedrückt könnte man sagen, daß unsere Konditionierung festlegt, wie wir bestimmte Dinge empfinden. Daher kann man oft aus der Konditionierung einer Person oder aus der Kenntnis der Umstände, die zu einer bestimmten Situation führten, darauf schließen, was diese Person mögen oder nicht mögen wird. In unseren Beziehungen zu Menschen berücksichtigen wir diese Aspekte oft ganz automatisch. Aber anstatt zu merken, daß wir alle auf der Grundlage der gleichen drei Gefühle handeln, die wir alle gemeinsam haben, neigen wir dazu, diese Gefühle als Basis für Einstellungen zu benutzen, die uns selbst und andere sowie die Welt unserer Erfahrung streng aburteilen.

Feinfühligkeit für andere

Das erste Stadium dieser Praxis ist, den andauernden Strom von Neigungen, Abneigungen und bloßer Neutralität zu bemerken.

Neigungen und Abneigungen ändern

In einem fortgeschritteneren Stadium kannst du beginnen, Neigungen in Abneigungen umzuwandeln und umgekehrt. Möglicherweise magst du z. B. das Gefühl von Nervosität nicht – aber wenn du dir dann dieses Gefühls bewußt wirst, könntest du beginnen, es zu mögen. Vielleicht würdest du es nicht länger Nervosität nennen. Es ist, als ob du deinen Geist verwirrt hättest, so daß er nicht mehr weiß, was Nervosität ist.

Es ist schwierig, dies mit großen Dingen zu üben, aber du kannst mit kleinen anfangen. Wenn du dich z. B. über etwas sehr empörst und dann wirklich diese Empörung fühlst, stellst du vielleicht fest, daß dir dieses Gefühl eigentlich ganz gut gefällt. So erscheint die Empörung eher komisch – sie kann dich sogar zum Lachen bringen.

Dies untergräbt festgelegte Vorstellungen über dich selbst

All dies untergräbt deine festgelegten Vorstellungen über dich selbst, über deine Neigungen und Abneigungen. Du ertappst dich vielleicht dabei, daß du auf einmal Menschen magst, die du vorher nicht ausstehen konntest – einfach durch die Erkenntnis, wie willkürlich deine Neigungen und Abneigungen sind. Du beginnst vielleicht wirklich zu sehen, daß dein Geist auf diese Weise arbeitet – die Gedankenmuster wechseln einfach mit den Umständen. Dieser Prozeß, allmählich zu erkennen, wie dein Geist arbeitet, untergräbt das gesamte Gebäude deiner starren Vorstellungen über dich selbst und darüber, was du darstellst. Wir neigen dazu, uns sehr stark mit unseren eigenen Neigungen und Abneigungen zu identifizieren. Sie scheinen das, was oder wer eine Person ist, zu definieren. Wenn du entdeckst, daß sich deine Gefühle ändern können, je nachdem, wie du denkst, verlierst du den Eindruck, eine klar definierte Person zu sein. Vielleicht beunruhigt dich das ein wenig. Immerhin könntest du wirklich zu jedem beliebigen Etwas werden.

Kontinuität und Gleichheit der Bewußtheit

Die Wichtigkeit der Achtsamkeit auf Gefühle liegt darin, daß sie zur Kontinuität der Bewußtheit und zu Gleichheit oder Gleichmut führt. Achtsamkeit auf Gefühle bedeutet, alle Gefühle gleich zu behandeln, nämlich als bloße Gefühle. Das bedeutet nicht, Gefühle zurückzuweisen, sondern tatsächlich jedes Gefühl als Gefühl wertzuschätzen. Mit anderen Worten: Jedes Gefühl ist Feinfühligkeit. Du ruhst in der Kontinuität der feinfühligen, antwortbereiten Natur deines Wesens, anstatt blind zu reagieren, vom ständig sich ändernden Strom bedingter Gefühle und Reaktionen hin- und hergeworfen.

Kommen starke Gefühle oder Emotionen in dir auf – wenn du z. B. unbedingt etwas haben willst oder du gegenüber einer Sache starken Haß empfindest oder vor etwas große Angst –, dann wird das betreffende Objekt mit der jeweiligen Emotion aufgeladen. Wenn ich z. B. etwas haben will, das sehr schön ist, das ich aber nicht haben kann, intensiviert die Tatsache, daß ich es nicht haben kann, mein Gefühl dem Objekt gegenüber und macht es um so begehrenswerter. Wäre es etwas, das ich schon besäße oder das ich mit Leichtigkeit haben könnte, wenn ich nur wollte, dann wäre das Objekt mit einem ganz anderen »Gefühl« behaftet. Es wäre mir als nichts Besonderes erschienen. Zum Beispiel kann ich ganz einfach Gänseblümchen und Löwenzahn abmähen, weil ich sie emotional gesehen als Unkraut einordne. Die Vorstellung hingegen, Schneeglöckchen abzumähen, entsetzt mich, weil ich sie gefühlsmäßig als etwas Besonderes einschätze.

Starke Emotionen

Das Gleiche gilt für Dinge in uns. Einige halten wir auf emotionaler Ebene für gut und wichtig, und anderen Dingen wollen wir noch nicht einmal zugestehen, daß es sie gibt.

Bleiben wir zuerst einmal bei den äußeren Dingen, so ist es wichtig zu sehen, wie sich die Gefühle von Neigung und Abneigung um das Objekt herum zu bündeln scheinen, als wären sie Teil seiner »objektiven« Realität. Anders ausgedrückt: Mein Verlangen und mein Hassen werden von mir nach außen auf das Objekt projiziert. Das verhaßte Objekt ist nun nicht einfach ein Objekt, das ich zufälligerweise hasse, sondern es ist tatsächlich seinem Wesen nach hassenswert. Es ist dann so, als seien der Haß oder der Ärger irgendwie eine Qualität des Objekts selbst statt ein Ausdruck meiner Denkweise.

Ähnliches gilt für begehrenswerte Dinge. Sie sind für mich nicht etwas, das ich zufälligerweise begehre, sondern sie sind ihrem Wesen nach begehrenswert. Es ist so, als ob das Begehren oder der Haß um das Objekt herumschweben würde. Entscheidend ist, sich darüber klar zu werden, daß das Begehren oder der Haß in Wirklichkeit von mir selbst herrührt – nicht vom Objekt.

Bemerke die körperliche Wirkung starker Emotionen

Die Achtsamkeit auf Gefühle kann die Achtsamkeit auf den Körper mit einschließen, weil du die Wirkung starker Emotionen auf deinen Körper wahrzunehmen beginnst. Wenn du Verlangen, Haß, Neid, Eifersucht, Stolz, Dumpfheit, Depression usw. erfährst, dann bemerke, wie du wünschst, sie nach außen zu projizieren und gewissermaßen der Welt die Schuld in die Schuhe zu schieben oder die Welt, ja das Leben selbst so zu behandeln, als seien sie die Quelle dieser Emotionen. Das beeinflußt die Art, wie du dich körperlich hältst und dich in der Welt bewegst. Es scheint sogar einen Einfluß darauf auszuüben, wie die Welt dich betrachtet. Stolz führt z. B. dazu, daß du deinen Brustkorb und dein Kinn nach außen drückst, und damit scheinen alle anderen dir unterlegen zu sein; Depression führt dazu, daß du krumm gehst und in dich zusammensackst; dann erscheint die gesamte Welt dumpf und düster; Angst führt dazu, daß du dich verspannst und dich von allem zurückziehst, und die

Welt erscheint bedrohlich und gefährlich; Wut läßt dich finster dreinschauen und führt dazu, daß du dich lärmend bewegst, und die Welt erscheint feindlich und unnachgiebig; Begehren läßt deine Augen hungrig aussehen und macht die Welt für dich verführerisch und quälerisch aufreizend; Glück bringt dich zum Lächeln, und die Welt scheint mit dir zu lächeln.

Sobald du bewußter wirst, könntest du dich eigentlich selbst bewundern! Das klingt vielleicht sehr unbuddhistisch. Aber in einem besonderen Sinn ist es möglich, weil du die drei Qualitäten Raumhaftigkeit, Klarheit und Feinfühligkeit hast – die eigentliche Natur des Geistes. Sie haben nichts mit dir persönlich zu tun, so kannst du sie ruhig bewundern. Du bewunderst die Natur des Geistes, die Natur der Erfahrung selbst. Sie hat dieses wunderbare Potential, Verlangen, Haß, Stolz usw. zu erschaffen. Obwohl wir diese Dinge für eher unbequem halten, sind sie sehr lebendig. Diese Art von Bewunderung oder Anerkennung ist nur möglich, wenn Bewußtheit da ist.

Bewundere die kreative Kraft deines Geistes

Konzentriere dich also immer auf die Erfahrung selbst, nicht auf das Objekt, das die Erfahrung scheinbar hervorruft. Begehe nicht den Fehler, das Gefühl mit dem Objekt zu identifizieren, ohne das Gefühl überhaupt zu bemerken. Achte darauf, dein Leben nicht auf der Grundlage von Gefühlen zu leben, von denen du meinst, sie gehörten zu den Objekten und nicht zu dir. Erkenne, daß diese Gefühle in dir sind – sie sind deine in dem tiefgründigen Sinn, daß sie Ausdruck der Qualitäten von Offenheit, Klarheit und Feinfühligkeit sind. Es stimmt zwar, daß sie verzerrte Ausdrucksweisen sind, aber sie zeigen dir trotzdem, daß du diese Qualitäten hast.

Identifiziere das Gefühl nicht mit dem Objekt

Sich in das Gefühl hinein zu entspannen bedeutet nicht, es auszuagieren

Es ist eine wunderbare und ehrfurchtgebietende Tatsache, daß wir diese Kraft und Feinfühligkeit haben, solche Dinge zu empfinden und zu erschaffen. Einfach nur die Natur des Geistes zu schätzen und zu bewundern ist wichtig, in sie hinein loszulassen, anstatt andauernd zu versuchen, sie zu manipulieren. Das bedeutet nicht, daß du deine Wut, deine Gier oder was auch immer ausagierst. Es bedeutet, daß du damit aufhörst, deine Gefühle auf die Welt zu projizieren, und damit aufhörst, mit dieser zu kämpfen. Statt dessen entspannst du dich in die Reichhaltigkeit deiner unmittelbaren und direkten Erfahrung hinein.

Schließe negative Gefühle und Meinungen über dich ein

Wie schnell bist du bereit, dich selbst anzuschwärzen und deine Erfahrung als wertlos abzutun. Du bist schon so lange mit dir selbst zusammen, daß die Vertrautheit möglicherweise Verachtung hervorgebracht hat. Vielleicht bist du dazu erzogen worden, eine geringe Meinung von dir selbst zu haben und zu denken, nur bestimmte Arten des Denkens und Fühlens seien akzeptabel. Dann könntest du zu der Schlußfolgerung kommen, daß du nur dann irgendeinen Wert besäßest, wenn du bestimmte Dinge erreichen oder gewissen Anforderungen genügen würdest. Und wenn du siehst, daß es dir nicht gelingt, meinst du, die Welt wende sich gegen dich und sage: »Du hast kein Recht zu existieren.« All das sind einfach Gefühle und Meinungen.

Ich will damit nicht sagen, du solltest das Ganze umdrehen und anfangen zu denken, du seiest ein guter Mensch, du seiest ein Volltreffer, du seiest so gut wie jeder andere oder was auch immer. Es geht vielmehr darum, daß du lernst, die Essenz aller Gefühle und Anschauungen, ob positiv oder negativ, als Ausdrucksweisen der wahren Natur des Geistes zu schätzen.

Die Wertschätzung, von der ich spreche, übersteigt alle unsere gewöhnlichen Vorstellungen über unsere Existenz und unser Potential. Wenn wir in einer sternklaren Nacht in das All hinaussehen, fühlen wir Ehrfurcht für seine ungeheure Größe, und doch sind wir selbst viel wunderbarer. Wir besitzen Bewußtheit und Feinfühligkeit, die uns die enorme Raumhaftigkeit des Weitblicks geben. Dies ist die Pracht des Geistes – nichts im Universum der Materie läßt sich damit vergleichen.

Die ehrfurchtgebietende Kraft unseres Wesens

Doch bevor du diese Pracht bewundern kannst, mußt du dir erst einmal bewußt werden, daß sie da ist. Du mußt bemerken, daß sie in der Kraft deines Verlangens ebenso da ist wie in der Kraft deines Hasses oder in der Kraft deiner Liebe, deiner Kreativität und anderer guter Qualitäten.

Du kannst alle deine positiven und negativen Gedanken und Gefühlsbewegungen als eine Gabe an die begrifflich nicht faßbare Natur des Geistes betrachten, welche die Quelle aller Dinge ist. Alles ist Ausdruck ihrer Kraft und ihrer Kreativität. Du opferst sozusagen deine Erfahrung in diesen Raum hinein, damit deine Realisierung voll in diesen Raum hinein erblüht. Diese Realisierung ist ein Erwachen in die offene, feinfühlige Bewußtheit hinein oder, anders gesagt, in die endlose, mitfühlende Weitsicht.

Betrachte alles als Gabe

Wenn du lernen kannst, in dieser Qualität zu ruhen, die Kraft deiner Emotionen wertzuschätzen, anstatt dich davon an der Nase herumführen zu lassen, werden sich deine Emotionen allmählich verändern und anders funktionieren. Dein Haß wird sich z. B. nicht mehr als ein fixiertes Verwickeltsein mit bestimmten Menschen oder Dingen ausdrücken, die du nicht magst, noch wirst du ihn nach außen auf diese pro-

Negative Emotionen werden umgewandelt, indem man in ihrer essentiellen Natur verweilt

jizieren, als ob deine Gefühle sie umhüllten. Das Rasen deiner Wut und die Gier deines Verlangens werden allmählich aufhören und die mit diesen Gefühlen verbundenen guten Qualitäten, die durch das andauernde Projizieren nach außen verzerrt wurden, werden langsam sichtbar.

Die Energie des Hasses hat nach Dingen in der äußeren Welt geschlagen, statt die Enge der Sicht anzugreifen, die den Haß geschaffen hat. Die Energie des Verlangens wollte endlos Dinge in der äußeren Welt haben und festhalten, anstatt wertzuschätzen, daß sie all die Qualitäten, nach denen sie strebte, z. B. Reichtum und Schönheit, schon in sich enthielt. Haß und Verlangen sind verzerrte Energie – die Energie deines Wesens, das im Grunde genommen gut ist.

Wenn du also starke Emotionen empfindest, solltest du umschalten und nicht auf das äußere Objekt fokussieren, das scheinbar die Ursache des Problems ist, sondern dich dem zuwenden, was du in deinem eigenen Körper und Geist empfindest.

Die Gewohnheit des Mögens und Ablehnens ist tief in uns verwurzelt – bemerke sie und versuche nicht, sie zu bekämpfen

Dennoch kann es sein, daß du sehr stark zum Grübeln darüber neigst, warum du bestimmte Dinge magst und andere nicht. Vielleicht ist in deinem Geist das Muster stark ausgeprägt, alle deine Erfahrungen in solche einzuordnen, die du magst, und in solche, die du nicht magst; und du verwendest viel Zeit darauf, zu durchdenken, ob und warum du wirklich jede Erfahrung und jedes Objekt in die richtige Kategorie eingeordnet hast. Vielleicht überlegst du: »Bin ich denn nun sicher, daß ich das mag? Was sind denn die positiven Seiten daran? Oh ja, das ist bestimmt gut. Ja, das mag ich ganz gewiß ...« Daran ist nichts Falsches. Wichtig ist nur, daß du bemerkst, daß du es tust. Bemerke, wie du mit dir selbst sprichst und versuchst, Dinge einzuordnen. Versuche nicht unbedingt, damit aufzuhören. Sei dir einfach bewußt, daß es die ganze Zeit über so abläuft.

Nachdem du das eine Weile gemacht hast, sieh zu, ob du es manchmal anhalten kannst. Wenn du das sehr schwierig findest, versuche in einer sehr direkten Weise den Impuls zu fühlen, der dich dazu bringt, es andauernd zu tun. Aber grüble nicht darüber nach. Spüre einfach die Emotion, die dich antreibt, ständig Urteile zu fällen. Spüre die Direktheit deiner Erfahrung.

Spüre den Impuls zu unterscheiden

3. Achtsamkeit auf den Geist (Chitta)

Die Bedeutung der Achtsamkeit auf den Geist liegt darin, daß sie zu einer Bewußtheit des Herzens (*Chitta*) in dessen tiefster Bedeutung führt. *Chitta* bedeutet Geist im Sinne von Herz. In Zusammenhang mit Achtsamkeit bedeutet es jedoch Mentalität, Haltung oder Sichtweise. Die Vorstellungen, die wir im Hintergrund mit uns herumtragen, sind *Chittas*. Ein *Chitta* bestimmt den Geschmack des gesamten Rests unseres Bewußtseins. Zum Beispiel sind unsere Vorstellungen von unserer Existenz in Zeit und Raum, von der uns tragenden Erde, von uns selbst als menschliche Wesen, die in einem bestimmten Land oder einer bestimmten Stadt leben, davon, ein wertvoller Mensch (oder kein solcher) zu sein, etc. alles *Chittas*. Emotionen, die unsere Stimmung färben, sind *Chittas*. Der überhebliche Beurteiler ist ein *Chitta*. Unsere Vorstellung von einem Selbst ist ein *Chitta*.

Bedingte und nicht-bedingte Chittas

Chittas dauern einen längeren Zeitabschnitt, manchmal unser ganzes Leben lang an. Sie sind nicht wie

Wahrnehmungen, Gedanken und Gefühle, die in dem Moment vergangen sind, in dem wir uns ihrer bewußt werden. Der Einfluß der *Chittas* ist subtil und allesdurchdringend wie der Raum.

Unsere gesamte Dharmapraxis hat den Zweck, die durch Unbewußtheit bedingten *Chittas* loszulassen und das natürliche *Chitta*, das Offenheit, Klarheit und Feinfühligkeit im tiefsten Sinne ist, durchscheinen zu lassen. Dieser Prozeß wird durch Anstrengungen auf der begrifflichen Ebene unterstützt, um den negativen *Chittas* entgegenzuwirken, damit wir uns an das natürliche *Chitta* anschließen. Das natürliche *Chitta* ist also die wahre Natur des Geistes, das grenzenlos mitfühlende Herz, die Buddha-Natur, letztendliche nicht-bedingte Wirklichkeit oder wie auch immer man es nennen möchte.

Bewußtheit des Chitta als Chitta

Um diesen Prozeß überhaupt beginnen zu können, brauchst du Achtsamkeit auf den Geist. Zuerst wirst du dir der *Chittas* als solcher bewußt. Das bedeutet, daß es dir nicht darum geht, sie zu verändern oder zu entfernen, sondern dir einfach nur ihrer bewußt zu werden.

Die Kraft des Chitta der Absicht

Dann bemerkst du solche, die für Offenheit, Klarheit und Feinfühligkeit förderlich sind, und solche, die es nicht sind. Dies erfordert Nachdenken. Aus diesem Grund ist es sehr wichtig, am Anfang und am Ende jeder Dharmahandlung, sei es Meditation oder irgend etwas anderes, darüber nachzudenken, warum du es tust, warum du es getan hast und warum es gut ist, es weiterhin zu tun. Die *Chittas*, die du in diesen Momenten der Klarheit schaffst, sind sehr kraftvoll. Sie sind viel kraftvoller als Gedanken, die sich in deinem Kopf herumdrehen, wenn du dich dumpf und verwirrt fühlst, und geben dem *Chitta* einen bestimmten

Geschmack; und da sie sich selbst auf dieses natürliche *Chitta* ausrichten, sind sie sehr kraftvoll – sie haben die natürliche Kraft der Wahrheit.

Aus diesem Grunde ist Willenskraft oder Absicht so kraftvoll und wichtig. Das *Chitta* im Zentrum des *Mandalas* deines Wesens ist äußerst kraftvoll und färbt das gesamte *Mandala*. Das übrige *Mandala* dient ihm. Wenn es mit dem natürlichen *Chitta* von Offenheit, Klarheit und Feinfühligkeit verbunden ist, vermag es die Gesamtheit deines Wesens aus der Bedingtheit herauszuholen und in das *Mandala*, dessen Zentrum letztendliche Wahrheit oder Wirklichkeit ist, hineinzuführen.

4. Achtsamkeit auf die Phänomene (dharmas; geistige und durch die Sinne vermittelte Eindrücke)

Die Achtsamkeit auf Phänomene wird wichtig, wenn die Achtsamkeit auf den Geist erst einmal bis zu einem gewissen Maße gefestigt, die Achtsamkeit auf den Körper einigermaßen stabil und die Gleichheit in der Achtsamkeitsübung auf Gefühle erlangt ist. Dann kannst du allmählich in deine Achtsamkeitspraxis mehr und mehr die verschiedenen Sinneseindrücke und geistigen Geschehnisse mit einbeziehen. Das heißt nicht, daß man dabei wählerisch sein soll. Jede Erfahrung drückt Offenheit, Klarheit und Feinfühligkeit aus und ist somit wertvoll.

Achtsamkeit auf *Dharmas* könnte z. B. bedeuten, eine Blume zu sehen und sie flüchtig als Fuchsie zu identifizieren. Ein Problem entsteht, wenn du denkst: »Oh, eine Fuchsie, die mag ich wirklich gerne. Vielleicht sollte ich mir eine besorgen. Ich könnte sie in meinen Garten pflanzen. Diese hier hat genau die gleiche

Wahrnehmen und benennen

Farbe wie mein Kleid ...« und dergleichen mehr – dann bist du verloren. Zuerst handelt es sich um Gedanken, die mit der Fuchsie zusammenhängen, und nach einer Weile auch um andere Dinge, bis es soweit kommt, daß dein Geist alle möglichen verschiedenen Dinge aufgegriffen hat und dir der Kopf schwirrt. Das soll nicht heißen, daß es nicht möglich sei, sich einer Menge überlappender Gedanken bewußt zu sein; es ist nur schwierig.

Um erst einmal zu lernen, klar zu sehen, was da vor sich geht, ist es gut zu versuchen, die Vorstellung, »das ist eine Fuchsie« in dem Moment zu erwischen, in dem sie durch deinen Geist huscht. Laß dann die Vorstellung, ohne irgendein Urteil, ob sie gut oder schlecht oder sonst etwas sei, einfach wieder fallen. Kommt etwas anderes, läßt du das genauso wieder los. Auf diese Weise gewöhnst du dich daran, deine Bewußtheit auf Phänomene auszurichten und sie dann loszulassen. Es ist so, als wolltest du einen einzelnen Baum vor dem Himmel als Hintergrund klar erkennen. Damit es gelingt, mußt du einen Raum schaffen. Dir der Phänomene bewußt zu sein und sie dann loszulassen gibt Raum, um die Natur dieser Bewußtheit zu erkennen. Später brauchst du nicht mehr zu versuchen, Wahrnehmungen zu isolieren, um sie zu bemerken. Dann kannst du sozusagen den einen Baum sogar inmitten eines Gewirrs von Bäumen klar sehen.

Ebenen der Feinheit

Vielleicht meinst du, das Umherschauen und Wertschätzen der sichtbaren und hörbaren Objekte um dich herum ersetze nur eine Form des Gesprächs in deinem Geist durch eine andere. Das stimmt in gewisser Weise. Du mußt jedoch zugeben, daß es verschiedene Ebenen des begrifflichen Denkens gibt. Beginne also zunächst mit den gröbsten Ebenen, und wenn du daran gewöhnt bist, dir einer groben Ebene bewußt zu sein (z. B. des andauernden Selbstgesprächs), kannst du mit subtileren Ebenen weiterüben wie dem andauernden Benennen der Dinge. Dies ist eine sehr interessante Übung, aber du solltest nicht gerade damit anfangen.

Allgemeine Ratschläge zur Achtsamkeitspraxis

Wende dich zuerst dem Offensichtlichsten zu

Du solltest immer damit beginnen, die Bewußtheit gegenüber den gröbsten und nächstliegenden Dingen zu vergrößern, bevor du versuchst, nach Feinheiten zu suchen. Nimm zuerst das, was auf der Hand liegt, und bewege dich dann vom Offensichtlichen zum Subtilen. Zu versuchen, als erstes die subtilen Dinge zu sehen, in der Hoffnung, die groben danach zu erkennen, ist nicht sinnvoll. So funktioniert das nicht.

Manche Menschen im Westen lesen eine Menge über Buddhismus, bevor sie wirklich anfangen, ihn auszuüben. So entsteht für sie ein Problem. Sie bekommen alle möglichen Vorstellungen über subtile Ebenen der Praxis mit, noch bevor sie begonnen haben, die nächstliegenden Dinge richtig zu erfahren.

Laß geistiges Geplapper ein Auslöser für Bewußtheit sein

Allgemein ist bei jeder Art von Achtsamkeitspraxis folgendes wichtig: Wann immer dein Geist wegwandert und du findest, du seiest weit weg, verloren in geistigem Geplapper, laß dies zu einem Auslöser für die Bewußtheit werden. Verurteile dich nicht. Bemerke einfach, wie dieser neue scharfe Fokus von Bewußtheit, der dich aus deiner Träumerei aufweckte, spontan aus dem Raum der nicht-fokussierten Bewußtheit gekommen war. Dies ist der natürliche Rhythmus von *Evam*. Lerne, dem zu vertrauen und es zu genießen, und laß deine Bewußtheit leicht und einfach sein.

Auslöser für Bewußtheit in deiner täglichen Routine

Am besten ist es, dir einen bestimmten Teil des Tages bewußt Zeit zu nehmen, um den Geist ein wenig zu entspannen und dich den Sinnen zuzuwenden.

Wahrscheinlich läuft dein Tag fast immer gleich ab, so daß es günstig ist, bestimmte Punkte in deiner täglichen Routine zu benutzen, um dich daran zu erinnern, bewußt zu sein. Zum Beispiel kannst du deinen Weg zur Arbeit nutzen oder einfach einen bestimmten Abschnitt des Weges, der sich zwischen zwei bestimmten Punkten befindet, genauso wie das Zähneputzen oder jede andere passende Gelegenheit, die sich regelmäßig wiederholt. Wenn du dir keinen bestimmten Zeitpunkt aussuchst, besteht die Gefahr, daß du die Übung ganz und gar vergessen wirst.

Du kannst diese Zeiten »mit Kraft versehen«, damit sie deine Bewußtheit auslösen. Du kannst auch andere Dinge »mit Kraft versehen«, z. B. Bilder aus der Natur, Klänge, Handlungen etc., so daß sie die Bewußtheit auslösen. Wenn du z. B. in den Himmel blickst, kann dies die Bewußtheit von der Raumhaftigkeit des Geistes auslösen; der Wechsel der Jahreszeiten kann die Bewußtheit von Wandel und Vergänglichkeit wecken; das Klingeln des Weckers kann die Bewußtheit deines Wunsches aufzuwachen auslösen; das Zurückziehen der Vorhänge kann die Bewußtheit deines Wunsches auslösen, Licht hereinzulassen.

Übertreibe es nicht. Wenn du ein paar Dinge auswählst, die für dich funktionieren, wirst du bemerken, daß die Welt deiner Erfahrungen wie eine Freundin zu handeln beginnt, die dir andauernd Botschaften sendet, um dich aufzuwecken.

Dinge in Frage stellen

Bei allen vier Arten der Achtsamkeit geht es darum, Körper, Gefühle, geistige Haltungen, Gedanken und ähnliches nicht mehr als selbstverständlich hinzunehmen. Es gibt etwas Seltsames und Wunderbares im Zusammenhang mit unserer Erfahrung: die Beziehung zwischen Geist und Körper, zwischen Gedanken und Gefühlen und vieles mehr. Alle unsere Leben hindurch haben wir den ganzen Prozeß als selbstverständlich hingenommen, ohne ihn zu hinterfragen. Die Achtsamkeit bringt uns dazu, daß wir beginnen, alles zu hinterfragen. Was ist ein Gedanke, was ist eine Empfindung, eine Emotion, eine Wahrnehmung, ein Konzept? Wir müßten es eigentlich wissen, kreieren und erschaffen wir sie doch andauernd – aber wissen wir es wirklich?

Das ist vergleichbar mit der Frage, wie ein Telefon funktioniert, und unserer Antwort: »Nun, du nimmst einfach den Hörer ab und wählst die Nummer. Das weiß doch jeder.« Aber im Grunde sagt uns das gar nichts darüber, wie ein Telefon funktioniert. Die meisten von uns fragen sich das niemals wirklich. Wir nehmen es einfach als selbstverständlich hin.

Allerdings besteht ein Unterschied. Um herauszufinden, wie ein Telefon funktioniert, müssen wir einen Techniker fragen. Um herauszufinden, was Gedanken sind, brauchen wir sie nur für uns selbst auf eine klare Weise zu erfahren. Wir haben bereits alle Informationen, die wir brauchen.

Wenn wir unsere Gedanken bemerken, dann bemerken wir normalerweise den Inhalt eines Gedankens und nicht das, was der Gedanke, ja jeder beliebige Gedanke, an und für sich wirklich ist. Oft, wenn wir meditieren, bemerken wir Gedanken, und wir überlegen vielleicht: »Oh, nein, nicht schon wieder dieser Gedanke!« oder: »Ich sollte das nicht denken!« oder: »Jetzt habe ich mich schon wieder in Tagträume verloren«, oder: »Ach du liebe Zeit, da kommt meine Depression wieder«, oder: »Das ist interessant«, und ähnliches. Mit anderen Worten: Es ist der Inhalt, der Geschmack oder die Wirkung der Gedanken, die uns beschäftigen. Aber es gibt etwas sehr Bemerkenswertes, das nicht so sehr im Inhalt der Gedanken liegt, als vielmehr in dem, was sie wirklich sind. Jede einzelne Assoziationskette von Gedanken ist recht kompliziert. Wir können uns davon sehr faszinieren lassen und versuchen zu analysieren, warum wir denken, was wir gerade denken. Aber dabei übersehen wir etwas sehr Einfaches: die einfache, aber sehr tiefgründige Frage, was ein Gedanke überhaupt ist.

Erfahre Gedanken als das, was sie sind – nicht als deren Inhalt

Das ist keine bedeutende philosophische Frage, der wir uns mit einer spekulativen Haltung nähern müßten. Spekulation ist hier irrelevant. Sie erschafft nur noch mehr Gedanken. Was ist die Erfahrung, einen Gedanken zu haben? Was meinst du mit der Aussage: »Dies ist ein Gedanke«? Was ist es, was du erlebst und dir sagt, daß du gerade denkst? Was ist Erfahrung eigentlich? Ist diese Erfahrung in irgendeiner Weise von dem »ich«, das sie erlebt, verschieden?

Keine intellektuelle Übung

Diese Fragen sind äußerst tiefgründig, aber auch äußerst einfach. Möglicherweise brauchst du lange, bevor dein Geist so einfach wird, daß er solche Fragen stellt und ihre Bedeutsamkeit schätzen kann. Dennoch ist solches Hinterfragen der Schlüssel zum gesamten Prozeß. Auf dem Pfad zum Erwachen kannst du es dir leisten, nichts, aber auch gar nichts als selbstverständlich hinzunehmen!

Unser Bewußtsein ist unsere ganze Welt

Wir meinen, in der Welt zu leben und denken, wir seien uns ihrer bewußt, aber in einem tiefgründigen Sinn kennen wir keine andere Welt als unsere tatsächliche Erfahrung. Da wir von keiner anderen wissen, ist es berechtigt, zu fragen: »Was ist ein Gedanke?« und unsere Bewußtheit auf die eigentliche Erfahrung des Denkens auszurichten.

Die Frage lautet also: »Was ist das?« und nicht: »Wovon handelt der Gedanke?« oder »Welcher Art ist dieser Gedanke?« Wir sind nicht am Inhalt oder am Geschmack des Gedankens interessiert.

Der Gedanke selbst erteilt die Antwort

Wenn du deinen Geist in diesem Moment ansiehst, so ist er äußerst lebendig. Er sagt dir ganz direkt, was er ist und was die Gedanken sind, die darin aufsteigen. Die Antwort ist keinerlei intellektuelle Idee. Die Antwort liegt in der wirklichen Empfindung der Erfahrung, d. h. in der eigentlichen Erfahrung des Gedankens. Der Gedanke selbst ist die Antwort und übermittelt sie gleichzeitig.

Dies gilt nicht nur für Gedanken. So könnte es z. B. die Gesamtheit einer bestimmten unmittelbaren Erfahrung betreffen. Du könntest dich fragen: »Was ist das?« – »Was ist die Gesamtheit der Erfahrung, die ich im Moment gerade habe?«

Dies sind sehr einfache Fragen, aber es liegt eine enorme Menge an Weisheit darin, ihnen ins Auge zu blikken, sie klar und scharf zu betrachten. Die Wirkung könnte für den Geist so umwerfend und öffnend sein, daß man vielleicht nur schwer damit umgehen kann.

Das Unglaubliche daran ist, daß du in jedem Moment deiner Erfahrung über die Antwort verfügst. Du kannst deiner Erfahrung nicht entkommen, und dennoch denkst du nie darüber nach, noch hinterfragst du sie. Du siehst noch nicht einmal hin.

Es hat allerdings keinen Sinn, mit Hilfe deiner gewöhnlichen Konzepte hinzusehen, denn das führt zu nichts. Dann endest du im gleichen alten Spiel, in das du schon dein ganzes Leben lang verwickelt warst. Am Ende denkst du wieder über etwas nach: Du denkst über den Inhalt oder den Geschmack deiner Erfahrung oder deines Gedankens nach – aber du betrachtest die Erfahrung selbst nicht wirklich in einer nicht-begrifflichen Weise. Wenn du dir diese Fragen selbst stellst und die Antwort in einer nicht-begrifflichen Weise zu erfahren suchst, wird dein Geist geöffnet und du wirst für die Übermittlung vorbereitet.

In einer nicht-begrifflichen Weise hinsehen

Spezielle Probleme in der Alltagspraxis

Beobachte dich nicht

Das Wort Achtsamkeit hört sich ein wenig so an, als ob du dich die ganze Zeit über beobachten solltest. Sich auf diese Art auszudrücken ist kaum zu vermeiden. Genauso wird es uns für lange Zeit nicht möglich sein, dieses grobe Gefühl von Dualität zwischen uns selbst und unseren Gedanken und Gefühlen zu vermeiden, diesen Eindruck, daß da ein Beobachter ist, der den Strom der Zu- und Abneigungen beobachtet. Das ist ein Problem, an dem wir im Laufe unserer Praxis nach und nach arbeiten müssen. Für den Moment ist es erst einmal wichtig, Dinge zu bemerken. Einfach an unserer Erfahrung interessiert zu sein, reicht aus.

Ein Problem entsteht, wenn du es auf etwas Bestimmtes abgesehen hast: Du läßt es nicht einfach dabei bewenden, an der Erfahrung interessiert zu sein – du möchtest sie wegen irgendwelcher starker Emotionen manipulieren. Ein Beispiel: Du willst Bewußtheit oder Achtsamkeit üben, um nicht so viel Wut oder Furcht o. ä. zu fühlen. Du glaubst, daß du dich durch das Entwickeln eines meditativen Zustands irgendwie von deinen Gefühlen distanzieren kannst, so daß diese scheinbar außerhalb von dir stattfinden – so als seien sie von dir losgelöste Objekte.

Dies ist eine Art zweifacher Projektion. Die Schlechtigkeit des Objekts und die Schlechtigkeit deines Gefühls ihm gegenüber werden beide zu einem äußeren Objekt gemacht. Du willst nicht einmal das Gefühl von Abneigung, Wut, Haß oder von Verlangen, Anhaftung oder dergleichen direkt erfahren.

Nicht nur das schlechte Objekt wird als Bedrohung wahrgenommen, als etwas, das dich anzugreifen oder in dich einzudringen versucht, sondern auch das wütende Gefühl, das du auf das Objekt hast, scheint als Feind gegen dich anzutreten. So stellen sich sowohl die Welt als auch deine Gefühle als eine enorme Bedrohung dar. Wende dich dem Gefühl zu. Anstatt zu versuchen, vor ihm zurückzuweichen und es zu einem von dir getrennten Objekt zu machen, kannst du dich ihm zuwenden und ein aufrichtiges Interesse dafür aufbringen, wie es sich wirklich anfühlt.

Gefühle können als scheinbare Feinde hervortreten

Möglicherweise fällt es dir anfangs schwer, aufrichtiges Interesse zu entwickeln, aber du kannst wenigstens danach streben. Wir neigen dazu, die Kraft unseres Strebens zu unterschätzen, und meinen, wenn wir nicht sofort Erfolg hätten, vergeudeten wir unsere Zeit. Tatsächlich ist es aber das ständige Versuchen, das letztlich etwas Authentisches auslöst.

Die Kraft des Strebens

Es könnte geschehen, daß du nach einer langen Zeit des Ausprobierens eines Tages mit den Versuchen aufhörst. Aber gerade dann entsteht vielleicht spontan, wenn du es am wenigsten erwartest, plötzlich ein aufrichtiges Interesse, mit dem du anstrengungslos praktizieren kannst.

Wenn du auf diese Weise zu üben versuchst, kann das recht unbehaglich und fordernd sein. Das kannst du kaum durchhalten. Du mußt deine Aufmerksamkeit kommen und gehen lassen. Verwende dein Streben und dein Interesse – deinen Wunsch zu wissen – also nicht als einen weiteren Stock, mit dem du dich schlägst. Fange nicht an, dir selbst Vorwürfe zu machen, z. B., weil du nicht richtig üben kannst oder weil das Lernen so lange dauert.

Mache nicht zu viel Druck

Wichtig ist, daß du damit begonnen hast, zu üben. Du könntest in der Anfangsphase in einer sehr sanften Weise üben. Du brauchst es dir selbst nicht so schwer zu machen.

Widerstand gegenüber der Offenheit

Obwohl du offen sein willst, geschieht es doch meist, daß du ein wenig emotional wirst, wenn ein bestimmtes Gefühl hochkommt, und deine Reaktion ist automatisch, scharf dagegen vorzugehen. Diese Art von Widerstand gegenüber der Offenheit erschöpft sich nur allmählich durch die Absicht oder den Wunsch, dich ihm zuzuwenden und ihn zu sehen. Schließlich erlaubt sich der Geist, sich dafür zu öffnen. Wenn du dann das Gefühl, das du nicht mochtest, siehst und erfährst, verstehst du, daß es einfach ein Gefühl ist, genau wie jeder andere Gedanke oder jedes andere Gefühl. Du kannst erkennen, daß es eigentlich in Ordnung ist, es zu fühlen. Es ist keine so große Angelegenheit, wie du dachtest. Dies ist ein sehr wichtiger Aspekt der Offenheit.

Sich unter Druck fühlen

Unser Lebensstil setzt uns in einem gewissen Ausmaß unter Druck – aber indem er dies tut, wird in uns ein Prozeß in Gang gesetzt, durch den wir beginnen, uns selbst in einer recht unnötigen Weise ebenfalls unter Druck zu setzen. Es ist wichtig, das nicht zu tun.

Meditation ist eine Gelegenheit, nicht unter Druck zu stehen. Da wir aber gewohnt sind, uns andauernd drangsaliert zu fühlen, machen wir die Meditation selbst zu einer Art von Problem. Wir beginnen zu denken: »Oh, ich habe Schwierigkeiten mit der Meditation – ich mache es nicht richtig – ich habe dieses Problem« usw. Das sind einfach nur Gedanken und Gefühle, die wie alle anderen zu behandeln sind. Laß nicht zu, daß sie dich drangsalieren.

Der Buddhismus sagt nicht, daß du anders sein solltest, als du bist. Er vermittelt dir nicht, daß irgend etwas mit dir nicht stimme. Er sagt nicht: »Du solltest eigentlich offen sein – hör damit auf, dich die ganze Zeit zu verschließen.« Es liegt einfach an dir selbst. Du willst offen sein, und du meditierst, um dies zu üben. Die Vorstellung von Mißlingen gehört nicht dazu. Schon die bloße Absicht, offen zu sein, wird eine Wirkung hervorbringen. Es gibt keine zeitliche Begrenzung – keinen Druck. Laß es sich in einer natürlichen Weise entwickeln.

Gefühl von Mißerfolg

Im Alltagsleben entstehen Probleme; beispielsweise bringt dich jemand in Verlegenheit, und du bemerkst plötzlich, daß du nicht in der Lage bist, klar zu denken. Vielleicht greift jemand einen schwachen Punkt deines Charakters an. Vielleicht hast du Schuldgefühle, weil du etwas nicht gemacht hast, was du hättest tun sollen. Du willst gegen etwas protestieren, aber du denkst nicht klar, und so explodierst du einfach in einer heftigen oder ungestümen Weise. Das ist keine Reaktion, die aus irgendeiner Art von Bewußtheit hervorkommt. Es ist bloß eine emotionale Reaktion. Feinfühliger zu sein bedeutet, dir selbst zu erlauben, Situationen wie diese in größerer Klarheit und Schärfe zu spüren. Eine Situation mag sich stachlig anfühlen, und du merkst, daß du sehr verletzlich bist, aber anstatt emotional zu reagieren, bleibst du einfach dabei und spürst diese Emotion, fühlst, wie diese Situation in deine empfindliche Haut hineinsticht.

Starke Emotionen erschweren klares Denken

Es geht nicht darum, ein dickes Fell zu entwickeln – ganz im Gegenteil. Trungpa Rinpoche wies oft darauf hin, daß es in der Alltagspraxis darauf ankomme, zu lernen, diese äußeren Schichten des Widerstands oder die Masken, die wir anderen präsentieren, zu entfernen. Wenn wir versuchen, uns in einer bestimmten

Schichten des Widerstands entfernen

Weise darzustellen, verschwören wir uns zu einer Art Täuschungsmanöver.

Vielleicht meinen wir, das sei aus irgendeinem Grunde nützlich, aber es ist sicher keine Offenheit, Klarheit und Feinfühligkeit. Letztlich mußt du lernen, in jeder Situation offen, bewußt und feinfühlig zu sein. Das ist allerdings ein langer Prozeß, und nur Buddhas können sich ganz ohne jegliche Maske zeigen.

Mit schwierigen Leuten umgehen

Wie inspiriert du von der Idee auch sein magst, daß alle Menschen diese Qualitäten haben, so läufst du doch manchmal Leuten in die Arme oder gerätst in Situationen, wo es sehr schwierig ist, diese Begeisterung aufrechtzuhalten. Offensichtlich kannst du kaum zu jemandem, mit dem du gerade streitest, sagen: »Dein Geist und meiner sind gleich.« Aber du kannst erkennen, daß du dich als Person je nach Stimmung veränderst und daß dies auch für die anderen gilt. Indem du dies einsiehst, könntest du lernen, freundlich mit dir umzugehen und dann, aus dem gleichen Grund, auch freundlich zu den anderen zu sein.

Denke, daß die andere Person du ist

Ich persönlich finde es manchmal sehr hilfreich zu denken, daß die andere Person und ich, ja alle Wesen, tatsächlich zur gleichen Kontinuität der Erfahrung gehören. Mit anderen Worten: Diese Person ist im Grunde »ich«. Das »Ich«, das diese Person ansieht, ist diese Person, die mich ansieht. Ich muß wirklich davon überzeugt sein, daß ich eines Tages diese Person sein werde oder daß ich früher einmal diese Person war. Dann ist es wirklich so, als wäre ich diese Person – als würde ich wirklich mit mir selbst sprechen. Vielleicht kommt dir das genauso schwierig oder noch schwieriger vor, als zu denken, daß diese Person die drei Qualitäten hat. Versuche beides und finde heraus, was für dich funktioniert.

Vermutlich wirst du bemerken, daß die Praxis im Rückblick leichter funktioniert als in der Hitze des Augenblicks. Du wendest deine Achtsamkeit an, sobald du wirklich innehältst und daran denkst. Nach dem Ereignis könntest du z. B. denken, du hättest großzügiger oder ähnliches sein können. Benutze dies nicht als Gelegenheit, dir Schuldgefühle zu machen, sondern einfach als Möglichkeit, deine Bewußtheit und Feinfühligkeit zu vergrößern.

Manchmal funktionieren Dinge im Rückblick

Ein Rat zum Schluß

Achte in deiner Meditation und deiner Achtsamkeitspraxis im Alltag darauf, welche Übungen bei dir funktionieren, d. h., welche deine Offenheit, Klarheit und Feinfühligkeit vergrößern und welche nur dein Gefühl verstärken, daß alles problematisch ist. Bitte im letzteren Fall jemanden um Rat, der Erfahrung in den Übungen hat – kämpfe nicht einfach ohne Hilfe weiter.

Vermeide es, zu abstrakt zu werden. Das ist wichtig. Ein Anzeichen dafür ist ein Gefühl von Entfremdung zwischen deiner tatsächlichen Erfahrung und deinem Streben. Du könntest z. B. danach streben, keinen Unterschied zwischen der Offenheit, Klarheit und Feinfühligkeit von dir selbst und anderen zu sehen. Wenn dies zu abstrakt wird, bemerkst zu vielleicht, daß du es zwar auf intellektueller Ebene für wahr hältst, dich aber von den anderen und der gesamten Praxissituation immer stärker entfremdet fühlst. Es ist wichtig, sich diesem Gefühl von Entfremdung zuzuwenden, mit dieser Erfahrung ganz und gar in einer nicht-urteilenden Weise umzugehen. Es hat keinen Sinn zu versuchen, endlos das Gefühl oder die Erfahrung anzukurbeln, die du deiner Meinung nach haben solltest. Indem du dich deiner tatsächlichen Erfahrung öffnest, anstatt zu versuchen, sie zu korrigieren oder zu ignorieren, machst du Entdeckungen, die zu spontaner Veränderung führen.

So nimmst du eine Denkweise an, die dich und dein Verhalten tiefgehend beeinflußt. Einfach nur Ideen zuzustimmen, weil sie dir gefallen oder weil sie der Tradition entstammen, reicht nicht aus. Diese Ideen müssen sich wirklich als nutzbringend erweisen. Untersuche also die Wirkung deiner Denkweise auf dein Leben. Du magst von einer bestimmten Denkweise inspiriert worden sein, findest aber vielleicht heraus, daß sie in der Praxis nicht hilfreich ist. Die Lösung ist vielleicht, eine Zeitlang durchzuhalten. Möglicherweise liegen aber auch einige Mißverständnisse vor. Ein Teil des Problems könnte darin liegen, daß du die Praxis mißverstanden hast, und ein anderer Teil darin, daß sie aufgrund deiner speziellen Konditionierung die falschen Antworten in dir auslöst. Deshalb ist es wichtig, Anleitung zu suchen.

Der Angelpunkt liegt darin, daß manche Dinge dir helfen, dich mit der Praxis zu verbinden, und andere es dir schwer machen. Behalte das im Hinterkopf, und folge nicht einfach sklavisch einer Praxis, ohne ihre Wirkung auf dich zu beachten. Du mußt die Essenz aller Übungen finden. Hast du erst einmal eine Verbindung damit, dann fungiert sie als dein Prüfstein, der dir sagt, ob irgendwelche Übungen, die du annimmst, hilfreich sind oder nicht.

Die Essenz all dieser Übungen ist das Erwachen zu deiner eigenen wesentlichen Natur von Offenheit, Klarheit und Feinfühligkeit. Wenn dein Lebensstil oder deine Meditation den gegenteiligen Effekt hat, d. h., dich abschneidet, dumpf oder gefühllos macht, dann ist es an der Zeit, erneut zu untersuchen, was du dir da antust.

Andererseits funktioniert die Praxis, wenn deine Lebensweise und deine Meditationsübung dir eine erweiterte und tiefere Sicht geben, während sie dir gleichzeitig dein eigenes ungeschicktes Verhalten bewußter machen (in gewisser Weise hilft dir das, dich und andere zu akzeptieren). Du beginnst dein ungeschicktes Verhalten in richtiger Perspektive wahrzunehmen. Es gehört nicht zu deinem inneren Wesen, es ist nicht festgelegt. Du kannst es loslassen. Wenn du Fingerspitzengefühl und einen besseren Sinn für Verhältnismäßigkeit entwickelst, dann wird die allgemeine Richtung, in die deine Praxis vorstößt, richtig sein, gleichgültig wie verworren die Einzelheiten deines Lebens auch sein mögen.

Danksagung

Viele meiner Studenten widmeten sich vor einigen Jahren mit ganzem Herzen der Aufgabe, die englische Ausgabe dieses Buches, die unter dem Titel »Openness, Clarity, Sensitivity« erschien, zu veröffentlichen. Meine Frau Shenpen Hookham edierte den Text auf der Basis von Vorträgen, die ich im Rahmen der zur Longchen Foundation gehörigen Nithartha School gehalten habe. Sally Sheldrake redigierte die endgültige Fassung, und Jack Cleaver stellte seine technische Hilfe am Computer zur Verfügung.

Die Resonanz auf die Veröffentlichung zeigte, daß sich das Buch sehr gut als Grundlagenwerk für Menschen eignet, die sich für buddhistische Meditation und Achtsamkeitsübungen interessieren. So freue ich mich, daß »Openness, Clarity, Sensitivity« nun auch in deutscher Sprache erscheint, und hoffe, daß dadurch viele Menschen Vertrauen in den buddhistischen Weg gewinnen können.

Große Dankbarkeit empfinde ich gegenüber Irmentraud Schlaffer, die sich für die deutschsprachige Ausgabe sehr eingesetzt hat und das Buch übersetzte; sie ist eine meiner langjährigen Schülerinnen und leitet die Longchen-Gemeinschaft in Deutschland. Sie wurde in ihren Anstrengungen von Nikla Eva Hegenscheidt, Rolf Bahnemann und anderen, die mit Kommentaren und Korrekturlesen halfen, unterstützt.

Mein besonderer Dank gilt auch Renate Noack, die als Lektorin die endgültige Fassung erarbeitete.

Rigdzin Shikpo
Oxford, Dezember 1998

Informationen über die Longchen Foundation

Dieses Buch ist ein Grundlagenwerk der Longchen Foundation. Die Longchen Foundation wurde 1975 von Rigdzin Shikpo (damals noch Michael Hookham) unter der Leitung von Chögyam Trungpa Rinpoche und S. H. Khyentse Rinpoche gegründet. Sie sollte ein Fahrzeug für die buddhistischen Lehren im allgemeinen und für die Dzogchen-Tradition im besonderen sein.

Als Rigdzin Shikpo im Jahre 1965 seinen wichtigsten Lehrer, Trungpa Rinpoche, traf, hatte er bereits neun Jahre lang mit mehreren Bhikshus (Mönchen) aus der Theravada-Tradition geübt. Trungpa Rinpoche gab ihm umfangreiche und detaillierte Belehrungen über die sogenannten »Vorbereitenden Übungen« und die Hauptübungen der Nyingma-Dzogchen-Tradition. Einige Jahre später ging Trungpa Rinpoche in die USA, und Rigdzin Shikpo fuhr fort, nach seiner Anleitung zu praktizieren. Von Zeit zu Zeit besuchte er Rinpoche in Amerika. Trungpa Rinpoche ermutigte Rigdzin Shikpo von seinem eigenen Lehrer, S. H. Khyentse Rinpoche, Belehrungen und Unterweisungen zu erbitten und die Longchen Foundation zu gründen. S. H. Khyentse Rinpoche trug Rigdzin Shikpo auf, weitere Dzogchen-Anweisungen von Khenpo Tsültrim Gyamtso Rinpoche zu empfangen (dieser ist ebenfalls ein Schüler von S. H. Khyentse Rinpoche). Seit dem Tod von Trungpa Rinpoche und S. H. Khyentse Rinpoche ist Khenpo Tsültrim Gyamtso Rinpoche für Rigdzin Shikpo die wichtigste Quelle der Inspiration und Führung.

Sowohl Chögyam Trungpa Rinpoche als auch Khenpo Tsültrim Gyamtso Rinpoche wiesen Rigdzin Shikpo nachdrücklich darauf hin, daß er den Buddhismus direkt in englischer Sprache darstellen und dabei angemessene Methoden sowie für den Westen passende sprachliche Formulierungen verwenden solle. Als Antwort darauf entwickelte Rigdzin Shikpo ein Studienprogramm, das in Kursen der Longchen Foundation in England und in deren Schwesterorganisation in Deutschland, der Buddhistischen Gemeinschaft Longchen e.V., seit einigen Jahren gelehrt wird.

Einzelheiten über den Kurs »Die Unzerstörbare Herzessenz« können Sie erhalten bei:

>   The Longchen Foundation
>   30 Beechey Avenue
>   Old Marston
>   Oxford OX3 OJU
>   Großbritannien
>   Telefon: 0044-1865-725569
>   e-mail: lcf@longchen.demon.co.uk

>   oder in Deutschland bei:
>   Buddhistische Gemeinschaft Longchen e.V.
>   c/o Gisela Meese
>   Grafenwerthstr. 15
>   50937 Köln

Eine weitere Publikation der Longchen Foundation: »On Freeing The Heart«, gesammelte Vorträge von Rigdzin Shikpo, 1988, ISBN 0-9511477-1-4, ist zu beziehen über:

>   Dave Rowley
>   The Longchen Foundation
>   7 Clay Green
>   Alfrick
>   Worcestershire WR6 5HJ
>   Großbritannien
>   Telefon: 0044-1886-832090

Index

Abgelenktheit 86, 95
Achtsamkeit 7, 57, 83ff., 103f.
  – auf *chitta* 133
  – auf den Körper 122
  – auf *dharmas* 135
  – auf Gefühle 123
Adhigama 69

Beobachten (sich selbst) 78, 144
Blitzartige Phantasien 89
Bodhisattva-Pfad 33
Buddha 37, 53f., 110, 120, 148
Buddha-Natur 10, 18, 32, 134

Chitta 122, 133ff.

Dämonen 54
Depression 56, 128, 141
Dharmas 122, 135
Dummheit 35f.
Dzogchen 9-11, 83, 154

Einfachheit 109
Einspitzigkeit 93
Emotionen 29, 33, 61, 79, 81,
  115f., 127f., 131f., 144, 147
  – die Kraft der 131
  – die unsere Stimmung färben 133
  – körperliche Wirkung von 128
  – wie optische Illusionen 29
Evam 73, 98, 138

Freundlichkeit 17

Gabe 131
Garuda 84
»Gefrorenes Eis« 91
Gefühle 114f., 117, 120, 123, 127, 130
Gehmeditation 65, 94
Geistiges Geschwätz 118, 120
Geste 54
Gier 34f., 130
Gleichgültigkeit 124
Gleichmut 126
Großzügigkeit 33, 36, 47

Haß 34f., 127ff., 131f.
herrischer Beurteiler 77, 79, 100, 101
Herzenswunsch 64, 104
Hinayana 83

Indriya 83
Interesse 83, 113, 125, 145
  – Bewußtheit ist Interesse 113

Körper 19, 37, 42, 51ff., 87, 91f., 112, 115, 117, 120, 122, 128, 132, 135, 140

Kraft 39
  – des Vertrauens 103, 116
  – loszulassen 101
  – oder Fähigkeit 100

Kristall 29

Langeweile 75, 87
»Leere« Zustände des
　Geistes 93
Leiden 33, 114
Liebe 28, 131
Longchenpa 55

Mahayana 7, 10, 47, 90 (Fußn.)
Mandala 135
– Prinzip 112, 122
Meditation 26, 28, 30f., 41,
　45, 53, 62f., 72, 74ff., 78ff.,
　83
Mitgefühl 10, 18, 27, 33f., 114
Mudra 54
– *Mudra* der Entspannung 55

Nyams 32, 41ff., 69
Nyingma 11, 155

Prajna 83, 98ff.

Samadhi 83
Samaya 24, 112
Schläfrigkeit 70, 86ff.
Schuldgefühl 21, 27, 80, 147,
　149
Shamata 61, 70
Shantideva 90
Shraddha 83, 98ff.
Sich zurückziehen, Retreat 7, 65
Smriti 83

Sprache 47, 58
– Begrenzungen der 46

Vergänglichkeit 87, 99, 113,
　139
Vertrauen 15, 22, 71, 98,
　100ff., 115f.
Verzerrung 18, 33, 35f.
Vipashyana 61, 67ff.
Virya 83

Weisheit 18, 83f., 98, 142
Wohlsein 15f., 42, 47, 58, 65,
　72, 114, 144
Wut 108, 115, 129f., 144

Zeit 22, 25, 67, 118, 132f.,
　138f., 145
– begriffliche
　Vorstellungen von 69
– und Bewußtheit 16
– und Raum 81, 133
Zynismus 101ff.